日本語を話すトレーニング

野田尚史
森口 稔

『日本語を話すトレーニング』音声データの利用方法

本書には、各課に1つずつ音声を聞いて考える問題が入っています。
音声データは「audiobook.jp」というサービスを使用して提供しています。その利用方法をご案内します。

1. PC・スマートフォンで音声ダウンロード用のサイトにアクセスします。QRコード読み取りアプリを起動し、以下のQRコードを読み取ってください。

 QRコードが読み取れない方は、ブラウザから「https://audiobook.jp/exchange/hituzi」にアクセスしてください。

※これ以外のURLからは無料のダウンロードサービスを利用できません。ご注意ください。
※URLは「www」等の文字を含めず、正確にご入力ください。

▼

2. 表示されたページから、audiobook.jpへの会員登録ページに進みます。
※音声のダウンロードには、audiobook.jpへの会員登録（無料）が必要です。
※既にアカウントをお持ちの方はログインしてください。

▼

3. 会員登録後、シリアルコードの入力欄に「**62107**」を入力して「送信する」をクリックします。クリックすると、ライブラリに音源が追加されます。

▼

4. スマートフォンの場合はアプリ「audiobook.jp」をインストールしてご利用ください。
PCの場合は、「ライブラリ」から音声ファイル（.mp3）をダウンロードしてご利用ください。

＜ご注意＞
・PCからでも、iPhoneやAndroidのスマートフォンからでも音声を再生いただけます。
・音声は何度でもダウンロード・再生いただくことができます。
・ダウンロードについてのお問い合わせ先：株式会社オトバンク info@febe.jp
・本書の第4刷までは音声CDが付属していました。ダウンロードしていただく音声とCDの内容は同じものです。

目次

目　次 ……………………………………………………………………… 2

この本を読んでくださるかたへ ……………………………………… 6

トレーニング1　問い合わせをする　　8

ファミリーレストランのアルバイト情報について問い合わせる
理容室に営業時間を問い合わせる
レストランでウエディングパーティーについて問い合わせる…… CD-1
飛行機に乗り遅れそうになって問い合わせる
サークルの合宿先に問い合わせをして予約をする
研究室にかかってきた問い合わせの電話に答える

トレーニング2　お店で接客をする　　16

ホテルの売店で宅配便の受付時間を答える
野菜直売所でお客さんの質問に答える
レストランでメニューの説明をする……………………………… CD-2
ショップでシャツの値札の間違いを謝る
すし屋ですしの持ち帰りを断る
コンビニでお客さんのクレームに答える

トレーニング3　お願いをする　　24

電話で兄に面接試験の会場を教えてもらう……………………… CD-3
人形劇サークルの打ち上げの買い出しを新入生に頼む
高校の後輩に引っ越しの手伝いを頼む
お好み焼き屋さんでお客さんにお願いをする
先生に卒業研究の指導をお願いする
会社の同僚に英語のメールのチェックをお願いする

トレーニング4　お店やサークルの宣伝をする　32

「回転寿司 第三海進丸」の開店チラシを配る
「CAFE BLANC」で新メニューのベトナム料理を勧める
サークル合同説明会で「海外農業研究会」の紹介をする………… **CD-4**
「かぼすや」のラジオCMを作る
ケーキ屋「パティスリー ヒロ」のテレビCMを作る
北島町議会議員選挙で選挙カーからアピールをする

トレーニング5　誘う，断る，謝る　40

同級生を誘って飲みに行く
ゼミ旅行の行き先としてソウルを提案する
スノーボードツアーの誘いを断る
介護ビジネス関連会社への就職の誘いを断る
友だちの誕生パーティーに遅刻したことを謝る
レストランの注文で間違えていたことを謝る………………………… **CD-5**

トレーニング6　道や交通の案内をする　48

電話で駅から「ウブドゥ」への道を案内する……………………… **CD-6**
電話ですずらん台駅から家までの道を案内する
道に迷った人に電話で「ヒラルダ」までの道を案内する
満願寺へ行くバスの乗り場を案内する
学園祭に来る人に大学までの交通案内をする
東京から秋田までの交通を教える

トレーニング7　インタビューをする　56

フリーペーパーの記事を書くためにインタビューをする
四国大学対抗駅伝のヒーローインタビューをする
電気炊飯器のユーザーインタビューをする
「生きがい」についてのインタビュー調査に協力してもらう
児童虐待についてインタビュー調査をする…………………………… **CD-7**
松島高校新聞のインタビューに答える

トレーニング8　雑談をする　64

- 話を聞きながらあいづちを入れる …………………………………… CD-8
- 沖縄旅行について雑談をする
- 新しくできたパスタ屋さんについて雑談をする
- 控室でいっしょになった初対面の人と雑談をする
- 新入生歓迎会で新入生と雑談をする
- インタビュー調査の相手と調査の前に雑談をする

トレーニング9　スピーチをする　72

- 高校の演劇部の公演後に先輩としてコメントをする
- 学園祭のコンサートで曲と曲の間に話をする
- 奨学生の成人パーティーでスピーチをする
- 大学の卒業記念パーティーで卒業生としてスピーチをする
- 就職した会社の歓迎会で自己紹介をする ……………………………… CD-9
- 結婚披露宴で友人代表としてスピーチをする

トレーニング10　会議で発言する　80

- 温泉研究会の会議でサークル連絡協議会の報告をする ……………… CD-10
- クラス会で学園祭の企画を提案する
- 拡大就職委員会で就職セミナーについて賛成意見を述べる
- 卒業記念実行委員会で卒業パーティーの提案に反対意見を述べる
- 自治会青少年部会で子ども向け年末行事についての意見を整理する
- 神山の自然を守る会で市民祭りの企画を決定する

トレーニング11　手順を説明する　88

- 出かける前に弟に家の用事を頼む ……………………………………… CD-11
- 友だちにスパゲティ・カルボナーラの作りかたを説明する
- 大学生と小学生に公園の掃除の手順を説明する
- アルバイトの新人に皿洗いの手順を教える
- 学習塾で高校生に英和辞典の使いかたを説明する

トレーニング 12　やさしい日本語で話す　96

交換留学生からの柔道部についての質問に答える
定食屋に来た外国のお客さんに説明する
国際交流パーティーで初対面の外国の人と雑談をする ……………… CD-12
外国の人に中古パソコンショップへの行きかたを説明する
子どもたちに海水浴の注意事項を話す
外国の人の気になる日本語を解釈して説明する

トレーニング 13　プレゼンテーションをする　104

演劇サークル代表者会議で合同公演の提案をする
地域の子ども会の世話役会議で組織変更の提案をする
新入社員研修で店の売り上げ状況の報告をする
ファーストフード店の店長候補者研修会で新商品の提案をする　CD-13
電器店の店頭でスピードカッターの実演販売をする
学習机の展示即売会でお客さんの質問に答える

トレーニング 14　研究を発表する　112

「アルコール飲料の好みの変化」という研究発表を始める
「女性の社会進出と家事分担」という発表資料の訂正をする ……… CD-14
「日本人のスポーツに関する意識」という発表で調査結果を説明する
「『まんが日本昔ばなし』の語りの特徴」という発表を終わらせる
「大学生のレジャー支出の地域差」という発表にたいして質問する
「日本の流行歌における歌詞の変化」という発表で質問に答える

トレーニング 15　面接を受ける　120

中学生に英語を教える塾講師の採用試験の面接を受ける ………… CD-15
商社の採用試験の面接で自己紹介をする
タウン情報誌「チーク」の記者採用試験の面接を受ける
旅行会社の面接試験で質問をする
大学院の入学試験で面接を受ける
社内ＦＡ制度に応募し希望部門の課長の面接を受ける

著者紹介 …………………………………………………………………………… 128

この本を読んでくださるかたへ

◎この本を読んでくださる一般のかたへ

この本は，日本語を話すときに，なるべく効率よく，なるべく相手を不快にさせないで話すにはどうしたらよいかを考えてもらうためのものです。

スピーチやプレゼンテーション，面接といったフォーマルな場面もとりあげていますが，問い合わせ，お願い，雑談といった日常的な場面も多くとりあげています。

この本は，読んでいるだけでは何も身につきません。あげてある例の悪い点を見つけたり，よい例を作ったりする「問題」を自分でやってください。どこから始めてもかまいません。興味があるところだけでもかまいません。

「問題」には，答えがついていません。「正解」を知ることより，自分で考えることが大事だからです。よく考えたのであれば，「答え」が違っても，得るものがたくさんあるはずです。

話をするときに大事なことは，それを聞いた人がどう思い，どう解釈する可能性があるかをよく考えることです。工夫(くふう)して話さないと，相手は，自分が思っているようには理解してくれないものです。

なお，各課に1つずつ音声を聞いて考える問題が入っています。音声はウェブ上からダウンロードしてください。（本書の目次の前のページ参照。）本文に CD-3 とあるのは，ファイル名が「CD-3」という意味です。

◎この本をテキストにして授業を受けるかたへ

この本をテキストにして行われる授業は，受け身の姿勢で受けるわけにはいかないはずです。授業では，何が問題で，どうすればもっとよい話しかたになるのかを考えて，積極的にどんどん話すようにしてください。

「問題」を考えるときに大事なポイントは，次のようなことです。
(1) この本では，それぞれの例に細かい状況設定がしてあります。自分がそのような状況にいる気になって，具体的に考えてください。
(2) 自分がどう話したいかではなく，こう話したら，聞く人がどう思うだろう，どういう意味にとるだろうということを考えてください。
(3) 話しかたには個性も大事ですから，絶対的な「正解」はないと思ってください。正解より，とにかく「よく考える」ことが大事です。

この授業によって，聞いた人が不快に思ったり誤解したりしない日本語が話せるようになっていただければと願っています。また，この授業で学んだことを日常生活でも実践していただければ，とてもうれしく思います。

◎この本をテキストにして授業をなさるかたへ

この本は，大学や短大の「日本語表現法」や「音声表現法」などのテキストとして使いやすいように作ってあります。取捨選択しながら半年の授業に使うことも，ゆっくり，ていねいに1年の授業に使うこともできます。

この本の使いかたとしては，たとえば，受講者を2人から4人ぐらいのグループにわけて，各グループにそれぞれ1ページ分の問題を考えてもらい，その結果をみんなの前で発表してもらうという形が考えられます。

各課の最初の「ウォーミングアップ」は，授業の前に考えてきてもらう宿題にしてもよいでしょう。各課の最後の「課題」は，授業の後にしてきてもらう宿題にしてもよいでしょう。

この本をテキストとして採用なさるか，採用を検討なさっているかたには，授業をするためのヒントを提供する予定です。詳しいことは，ひつじ書房にメール（toiawase@hituzi.co.jp）でお問い合わせください。

なお，この本の姉妹編として，同じ著者，同じ出版社で，書きことばを扱った『日本語を書くトレーニング』があります。あわせてお使いいただければ幸いです。

トレーニング 1
問い合わせをする

ウォーミングアップ

【ウォーミングアップ1】

　問い合わせをして，ほしい答えがなかなかもらえなかった経験や，勘違(かんちが)いされて違う答えをもらった経験をできるだけ具体的に述べてください。たとえば，次のような小さなことでかまいません。

> 　入学してしばらくたったころ，あるサークルのポスターに載っていた携帯番号に電話をかけた。時期が遅かったのと，新入生であることを言わなかったので，最初は警戒されて話が進まなかった。

【ウォーミングアップ2】

　一般の人が問い合わせをするテレビやラジオの番組で，問い合わせのしかたがうまいと思ったことや，うまくないと思ったことをできるだけ具体的に述べてください。たとえば，次のような小さなことでかまいません。

> 　植物の育てかたを教えてくれるラジオ番組で，問い合わせる人が，その植物を買ったいきさつや，手入れができなかった事情を長々と話すので，アナウンサーが話を切り上げるのに苦労していた。

ファミリーレストランのアルバイト情報について問い合わせる

アルバイト情報誌に次のようなアルバイト情報が載っていました。

秋のニュースタッフ大募集！

仕事内容　接客および簡単な調理
勤 務 地　旭橋店，桜山店，薬師池店
勤務時間　16時～24時または0時～8時※応相談
時　　給　1050円～1313円
　※未経験歓迎！
052-657-1179 までお気軽にお問い合わせ下さい。

ファミリーレストラン　**サンライト**

【問題1】
　ファミリーレストラン「サンライト」に，アルバイトについて電話で問い合わせるとき，こちらからはどのような情報を伝えればよいですか。

【問題2】
　自分がこのアルバイトをしようと思ったときに聞きたいことをあげてください。

【問題3】
　このアルバイトについて問い合わせるときに気をつけなければならないことをあげてください。

【問題4】
　このアルバイトについて電話で問い合わせるときの会話例を作ってください。

理容室に営業時間を問い合わせる

　福田くんは，生まれてはじめてパーマをかけてみたいと思っています。今度の日曜日，映画を見たあとに，友だちから聞いた理容室「ヘアーラルク」に行ってみようと思い，次のように電話をしました。

> スタッフ「ありがとうございます。ヘアーラルクです。」
> 福　　田「すみません，何時まであいてますか。」
> スタッフ「きょうは9時までです。」
> 福　　田「あ，そうですか。ありがとうございました。」

　ところが，日曜日の7時半ごろに福田くんが行くと，ヘアーラルクはもう閉まっていたので，2，3日して，次のように電話をしました。

> 福　　田「あの，この前の日曜は，お休みだったんですか。」
> スタッフ「いやー，営業してましたが。」
> 福　　田「夕方，行ったら，閉まってたんですけど。」
> スタッフ「あ，そうですか？　日曜日は7時までなんですが。」
> 福　　田「あ，そうですか。ありがとうございました。」

　日曜日の6時に行った福田くんは，パーマをかけてもらおうと思いましたが，パーマは5時までの来店でないとできないと言われてしまいました。

【問題5】
　福田くんの問い合わせかたの問題点をできるだけたくさんあげてください。

【問題6】
　福田くんは，どのような聞きかたをすればよかったでしょうか。福田くんとお店のスタッフとの電話の会話例を作ってください。

レストランでウエディングパーティーについて問い合わせる

　西山くんは，急に結婚することになった友だちのウエディングパーティーの会場を探すために，友だちの中川さんといっしょに「アジュール」というレストランに来ました。試食を兼ねてランチを食べたあと，食後のコーヒーを持ってきたホールスタッフに，次のように話を始めました。 CD-1 の音声は，そのときのものです。

> 西　　山「あのー，ちょっと友だちが急に結婚しなきゃいけないことになっちゃって。わかります？」
> スタッフ「あ，はい。」
> 西　　山「それで，なんか忙しいみたいで，それで，結婚式の下見に来たんですけど，貸し切りパーティーとかやってるって聞いたんで。」
> スタッフ「ええ，それ」
> 西　　山「急いでるんで，早めにしたいんですけど，招待状とかも出さなきゃならないんで。」
> スタッフ「それじゃ，ちょっと，店長を」
> 西　　山「いや，いや，まだ決めたわけじゃなくて，ちょっといろいろ見に来ただけなんで。」

【問題7】
　西山くんの話しかたや，話す相手，話すタイミングなどの問題点をできるだけたくさんあげてください。

【問題8】
　西山くんがうまく話したときの会話例を作ってください。できれば，事前の電話や，当日の店の人との話など，いくつかにわけて作ってください。

飛行機に乗り遅れそうになって問い合わせる

古川さんは空港へ行くとき，家から電車の駅までバスに乗りましたが，事故で渋滞していて，時間がかかりました。このままでは飛行機に乗り遅れるかもしれないと思ったので，バスを降りたあと，いっしょにいた妹に荷物を預け，駅前にある旅行代理店に入って，次のように話をしました。

> 古川「あの，ちょっと聞きたいんですが，飛行機に乗り遅れたときは，どうなりますか。」
> 店員「ええと，国内線ですか。」
> 古川「はい。」
> 店員「手数料がかかりますけど，10日以内だったら，払い戻しができるんですよ。」
> 古川「安いチケットでも大丈夫ですか。」
> 店員「団体運賃はだめですけど，特割とかだったら。手数料が高くなりますけど。」
> 古川「あとの飛行機に乗るときは，またチケットを買うんですか。」
> 店員「そうですね。変更可の運賃だったら，出発前なら，変更できるんですけど。」

【問題9】
古川さんの問い合わせかたにはどんな問題点がありますか。できるだけたくさんあげてください。

【問題10】
古川さんがうまく問い合わせたときの会話例を作ってください。古川さんが持っているチケットは，「変更不可」のもので，古川さんは飛行機の予約などには詳しくないものとします。問い合わせ先は，変えてもかまいません。

サークルの合宿先に問い合わせをして予約をする

　向陽学園大学のテニスサークル「ラケットサラダ」では，ほぼ毎年，「プチホテル・ラズベリー」で夏合宿をしています。このホテルは専用のテニスコートがあり，宿泊料金も安いので，人気があり，希望日の予約がとれないことがあります。

　今年の夏合宿幹事になった高田くんは，ホテルに電話して予約をすることになりました。サークルでは次のような希望が出ていますが，ホテルに問い合わせなければ，それらが可能かどうかはわかりません。合宿参加者は，25名から30名程度の予定です。

> ・8月の最後の週が第1希望。3泊4日の予定。
> ・2日目の夕食は，宴会料理にして，飲み放題をつけてもらう予定。
> ・最終日の夕食は，丸山バーベキューサイトに行くことにしたい。
> ・専用のテニスコートを期間中，ぜんぶ借りたい。専用のテニスコートを借りられる日程を優先させたい。
> ・一部屋の人数を，料金が高くならない範囲で，少なめにしてほしい。ＯＢは一人部屋にならないか。

【問題11】
　高田くんがホテルに電話するときに，何をどういう順序で話すのがよいか，考えてください。

【問題12】
　高田くんがホテルに電話するときの会話例を作ってください。話をするのに必要な情報は，自由に補ってください。

　なお，このホテルでは今シーズンからホテルの敷地内でバーベキューができるようになり，ホテルからそうしてはどうかと提案があるものとします。

研究室にかかってきた問い合わせの電話に答える

　小池さんが大原先生の研究室で卒業論文の相談をしていると，電話がかかってきて，大原先生は「ちょっと西野先生の部屋に行ってくるけど，長引きそうだったら，ここに電話するから」と言って，出ていきました。

　しばらく待っていると，電話がかかってきたので，出ると，大原先生ではなく，外からかかってきた電話でした。小池さんは，次のように話しました。

> 小　　池「もしもし」
> 電話の声「あ，大原先生の研究室じゃないでしょうか。」
> 小　　池「はい，そうです。」
> 電話の声「ええと，先生はいらっしゃいませんか。」
> 小　　池「はい，いらっしゃいません。」
> 電話の声「それでは，またかけ直しますが，きょうは，先生，いらっしゃいませんか。」
> 小　　池「ええと，私も先生を待ってるんで。」
> 電話の声「あ，そうですか。じゃあ，またかけ直すことにします。失礼しました。」
> 小　　池「はい，失礼します。」

【問題13】
　小池さんの電話の応答にはどのような問題点がありますか。できるだけたくさんあげてください。

【問題14】
　小池さんがうまく応答したときの電話の会話例を作ってください。小池さんが知っていそうな情報で，応答に必要なものは，自由に補ってかまいません。

問い合わせをする

課題1

　ダイエットのためにフィットネスクラブに行こうと考えています。実際に行く前に料金や時間などを電話で問い合わせる会話例を作ってください。いくつかのクラブから一つを選ぶつもりで，いろいろな情報を聞きだすような会話にしてください。
　そして，その問い合わせの会話例を作るときにどんな工夫をしたかについても説明してください。

課題2

　ある本の書名や著者名ははっきりわからないけれど，内容については知っているとします。その本の在庫があるかどうかを書店に問い合わせるときの会話例を作ってください。できれば，状況を変えて，複数の会話例を作ってください。
　そして，その会話例を作るときにどんな工夫をしたかについても説明してください。

課題3

　電話で問い合わせをしてうまく情報が得られなかったり，時間がかかった経験をいくつか思い出して，そのときの状況やことばについて，できるだけ具体的に説明してください。また，どのようにすればよかったかについても説明してください。

課題4

　電話で問い合わせをするときに気をつけなければならないことをわかりやすくまとめてください。そのとき，よい例と悪い例をできるだけ具体的に示してください。

トレーニング 2
お店で接客をする

ウォーミングアップ

【ウォーミングアップ1】

　レストランやショップ，コンビニなどのお店で，お店の人の話しかたが気になったり，話す内容が不親切だと思った経験をできるだけたくさんあげてください。たとえば，次のような小さなことでかまいません。

> 　居酒屋で追加注文をしようと思って，店員さんに声をかけたら，「ちょっとお待ちください」と言われた。それで，そのまま待っていたが，いつまでたっても来てくれなかった。

【ウォーミングアップ2】

　レストランやショップ，コンビニなどのお店で，お店の人の話しかたが感じがよいと思ったり，話す内容が親切だと思った経験をできるだけたくさんあげてください。たとえば，次のような小さなことでかまいません。

> 　お店でセーターを選んで店員さんにお金を渡したが，レジが込んでいて，店員さんがなかなか戻ってこなかった。そのとき，近くにいた別の店員さんが「お待たせして，すいません」と言ってくれた。

ホテルの売店で宅配便の受付時間を答える

　新宿イーストホテルでは，売店で宅配便の受付をしています。次の会話は，宅配便の受付時間を聞くお客さんとそれに答える店の人の会話です。

> お客「宅急便の受付は，何時までですか？」
> 店員「売店があいているときは，いつでも大丈夫です。」
> お客「ええっと，何時まであいてます？」
> 店員「１０時までです。」
> お客「１０時までに出したら，あした着きます？」
> 店員「住所はどこですか？」
> お客「ええっと，長野県松本市……。」
> 店員「４時までだったら，あした着きますけど，それ以降だと，あさってですね。」
> お客「ああ，４時までね。朝は何時からですか。」
> 店員「朝は７時からやってます。」

【問題１】
　お店の人の答えかたには，適切でない点がいろいろあるように思われます。お客さんが何を聞きたかったのかを考えたうえで，お店の人の答えかたの適切でない点をできるだけたくさんあげてください。

【問題２】
　お店の人は，お客さんの最初の質問にどう答えればよかったでしょうか。午後３時ごろに質問されたとして，お客さんの質問に答えてください。

【問題３】
　お店の人は，お客さんの最初の質問にどう答えればよかったでしょうか。午後５時ごろに質問されたとして，お客さんの質問に答えてください。

野菜直売所でお客さんの質問に答える

　関東平野の農村地帯を車で走っていると，農家の野菜直売所がありました。そこでお客さんと店の人が次のような会話をしていました。

お　客「安いなあ。」
店の人「安くても品(しな)はいいよ。悪いもんは出してねえから。」
お　客「自分の所で作ってんですか？」
店の人「人のうちのなんか，売らねえって。」
お　客「白菜は，ないのかなあ？」
店の人「白菜は，まだ季節じゃねえよ。今，出てんのは地物(じもの)じゃねえから，うまくねえよ。」
お　客［1箱1000円のネギを見て］
　　　「これ，少しだけわけてもらえないですか？」
店の人「早く売っちゃいてえから，800円でいいよ。近所にでもわけてやれ。」

【問題4】
　このお客さんは，それぞれの質問にたいして，どういう答えを期待していたと思いますか。

【問題5】
　店の人は，お客さんのそれぞれの質問をどういうふうに受け取ったのだと思いますか。また，それぞれの質問にどうしてこのような答えかたをしたのだと思いますか。

【問題6】
　店の人がお客さんの質問の意図をうまく理解し，お客さんが期待するような答えかたをしたときの二人の会話例を作ってください。

レストランでメニューの説明をする

次の会話は，地中海料理レストラン「アリオリ」でのホールスタッフとお客さんとのやりとりです。 CD-2 の音声は，そのときのものです。

> スタッフ「いらっしゃいませ。きょうの気まぐれコースの前菜は，前菜盛り合わせとマグロのカルパッチョとガスパッチョスープ，パスタは，生ウニのカッペリーニとホタテと夏野菜のスパゲティーと生ハムのフェトチーネ，メインは，マダイのソテー，バルサミコソースと黒豚の網焼き，シャンピニオンソースになります。」
> お客さん「じゃあー，気まぐれコースにする？ じゃ，それ3つ。パスタは3種類でしたっけ？ じゃ，それを1つずつ。」
> スタッフ「パスタは，グループごとに同じものをお願いしてるんですが。」
> お客さん「えー。どうしよう。前菜は全部ついてくるんですよねー。」
> スタッフ「いえ，1種類，選んでいただくんですが。」
> お客さん「店の前に，そう書いてあったんじゃなかったかなあ。」
> スタッフ「間違えら，えられるお客さんが多いんですが，1種類です。」
> お客さん「うーん，どうしよう。」

【問題7】
スタッフの説明はお客さんに不親切に思えます。問題点を述べてください。

【問題8】
スタッフの説明をお客さんにわかりやすくして，そのときのお客さんとの会話例を作ってください。

ショップでシャツの値札の間違いを謝る

石井さんは,「アトリエ ボブ」という店でアルバイトをしています。ある日,シャツの値札が間違ってつけられていたようで,レジでお客さんと次のような会話になりました。

> 石井「はい。1990円になります。」
> お客「えっ,1290円じゃないの?」
> 石井「いえ,これはまだバーゲンになってないんで,1990円です。」
> お客「1290円って書いてあるよ。」
> 石井「あれ。おかしいなあ。だれかがあの棚までバーゲンにしちゃったのかなあ。新人のバイトかなあ。あとで,直しておきますから。1990円です。」
> お客「ええっ? いや,どうしよう。うーん,やっぱり,やめときます。」

【問題9】
お客さんは,石井さんの言うことを聞いて,どういう気持ちになり,どういうことを考えたと思いますか。

【問題10】
お客さんは,このような状況のとき,石井さんにどういうことをどんなふうに言ってもらいたかったと思いますか。

【問題11】
石井さんは,このような状況になったとき,何を第一に考え,どういうことをお客さんに言ったらよかったと思いますか。

【問題12】
石井さんがうまく応対したときのお客さんとの会話例を作ってください。

すし屋ですしの持ち帰りを断る

東京にある「すし徹」というすし屋さんに行くと，店の主人と隣のお客さんが次のような会話をしているのが聞こえてきました。

> お客「おみやげに2人前，握ってほしいんだけど。」
> 主人「うちは生もののおみやげはやってないよ。」
> お客「帰ってすぐ食べますから。」
> 主人「お客さんはみんなそう言うんだけどね。」
> お客「たいして時間かかりませんから。」
> 主人「だめ，だめ。食中毒にでもなっちゃったら，うちの責任だから。」
> お客「責任なんて言いませんよ。」
> 主人［無言で首を横に振る］

【問題13】
店の主人と隣のお客さんがこのような会話をしているのを横で聞いたら，どんな感じがしますか。また，この店にたいしてどんな印象をもちますか。

【問題14】
店の主人の応対には，あまり適切でない点がいろいろあるように思われます。店の主人の言いかたで適切でない点をできるだけたくさんあげてください。

【問題15】
店の主人がうまく応対したときのお客さんとの会話例を作ってください。必要なら，この会話にない情報を入れてもかまいません。たとえば，にぎりずしでなければ持ち帰りができるとか，暑い季節以外は持ち帰りができるというようなことです。

コンビニでお客さんのクレームに答える

福島くんがコンビニでアルバイトをしていると，深夜の2時ごろ，少し酔っぱらったおじさんが入ってきて，その店で買ったお酒についてクレームをつけ，福島くんとのあいだで次のような言い争いになってしまいました。

> お客「これ，さっきここで買うたんやけど，あけたら，ここに黒いカビみたいもんがついとったんや。これや，これ。」
> 福島「これですか。ほんとにもともとついてたんですか？」
> お客「そや。」
> 福島「メーカー品だから普通はそんなことないんだけどなあ。」
> お客「わしがうそついとる言うんか。」
> 福島「そんなこと，一言も言ってないじゃないですか。」
> お客「言うたがな。」
> 福島「言ってませんて。どっちにしても，うちの責任じゃないから，メーカーに言ってもらわないと。」
> お客「あんたんとこで買うたんやで。」
> 福島「でも，うちは売ってるだけですから。」
> お客「わけのわからんことばっかり言うて，何じゃ，そりゃ。」

【問題16】

福島くんの応対には，適切でない点がいろいろあるように思われます。福島くんの言いかたの適切でない点をできるだけたくさんあげてください。

【問題17】

福島くんはどうしてこのような応対をしたのでしょうか。

【問題18】

福島くんがうまく応対したときのお客さんとの会話例を作ってください。

お店で接客をする

[課題1]

　ファミリーレストランでアルバイトをしていると，レジでお年寄りの夫婦らしいお客さんから「おいしかったけど，量が多くて食べきれなかった。量の少ないメニューがあったらうれしい」ということを言われたとします。この店ではこのような場合のマニュアルはありません。どのような受け答えをしたらよいと思いますか。よい受け答えと悪い受け答えを考えて，それぞれのお客さんとの会話例を作ってください。そして，それぞれの会話がどうしてよいのか，どうして悪いのか，説明してください。

[課題2]

　コンビニでアルバイトをしていると，お客さんから「よくレジに入っている青山さんの電話番号を教えてくれないか」ということを言われたとします。どのような受け答えをしたらよいと思いますか。よい受け答えと悪い受け答えを考えて，それぞれのお客さんとの会話例を作ってください。そして，それぞれの会話がどうしてよいのか，どうして悪いのか，説明してください。

[課題3]

　レストランやショップ，コンビニなどのお店で，お店の人の話しかたが気になったり，話す内容が不親切だと思った経験を，具体的な状況を説明しながら，いくつか述べてください。また，そのとき，話しかたや話す内容をどのようにしてくれたらよかったのかも述べてください。

[課題4]

　ショップや美容院などで，店員さんが「です」「ます」を使わないで，友だちのように話すことがあります。これについて，自分の考えを述べてください。具体例をあげながら，どんな場合は好ましく思い，どんな場合は嫌な感じがするか，それはどうしてかなど，よく考えて述べてください。

トレーニング 3
お願いをする

ウォーミングアップ

【ウォーミングアップ1】

　人にお願いをするとき，お願いのしかたによって成功した経験や失敗した経験をできるだけたくさんあげてください。たとえば，次のような小さなことでかまいません。

> 　アルバイトのシフトを代わってもらいたくて，友だちに電話した。今いいかどうかを聞かないで一方的に話していたら，話の途中で「今，ちょっと」と切られた。もう一度，かけ直しにくかった。

【ウォーミングアップ2】

　人にお願いをされて，感じがよくなかったので断った経験や，感じがよかったので引き受けた経験をできるだけたくさんあげてください。たとえば，次のような小さなことでかまいません。

> 　先輩からアルバイトをしないかという誘いを受けた。ちょっと忙しくなりそうなので断ろうしたが，「お前にしかできないから，ぜひ頼む」と言われて，結局，引き受けてしまった。

電話で兄に面接試験の会場を教えてもらう

　黒田さんは就職のための面接試験に行く途中，うっかりして道案内の紙を家に忘れてきたことに気がつきました。道案内の紙がないと，集合時間までに会場に着けそうにありません。黒田さんが乗り換え駅から自宅に電話をかけると，呼び出し音が何回も鳴ったあとでお兄さんが出てきたので，次のように話をしました。　CD-3　の音声は，そのときのものです。

> 兄　「もしもし。」
> 黒田「あ，お兄ちゃん。いるんなら，なんでもっと早く出てこないのよ。」
> 兄　「えー，そんなこと言ったって，寝てたんだからさ。あ，お前，きょう，面接とか言ってなかった？」
> 黒田「そーなの。それで，紙，忘れてきちゃって。教えてくれない？」
> 兄　「えっ，紙？」
> 黒田「ほら，集合時間とか書いてある紙。部屋に忘れてきちゃったから。」
> 兄　「集合時間ぐらい覚えとけよ。また落とされるぞ。」
> 黒田「そんなのいいから，私の部屋，行って，紙，取ってきてよー。」
> 兄　「わかった，わかった。で，部屋のどこにあるんだよ？」
> 黒田「すぐわかるよ。あー，もうすぐ電車来ちゃうー。」

【問題1】
　黒田さんの会話の問題点をできるだけたくさんあげてください。

【問題2】
　黒田さんがお兄さんに案内の紙を探してもらう会話例を作ってください。自分の方言の会話例でかまいません。

人形劇サークルの打ち上げの買い出しを新入生に頼む

　5月に，大学の人形劇サークルで，練習を兼ねた小さな発表会を開きました。そのあと，その場でささやかな打ち上げをやることになりました。次の会話は，3年生が1年生に買い出しに行くように頼んでいるところです。

> 3年生「買い出しに行ってくれる？」
> 1年生「はい。」
> 3年生「じゃあ，飲み物とお菓子と適当に買ってきて。」
> 1年生「ええと，お菓子もですか。どこで買えばいいですか。」
> 3年生「どこでもいいよ。生協にもなんか売ってたと思うし，安いのは100均かな。西門を出てぐるっと南に回って，交差点の信号を渡ったとこにあるから。」
> 1年生「予算はどれくらいですか。」
> 3年生「ああ，悪いけど，立て替えといてくれない？」
> 1年生「何人分ですか？」
> 3年生「4年生も残るから，15人くらいかな。」

　1年生は買い出しにでかけましたが，途中で道に迷ったらしく，思ったより時間がかかりました。買ってきたのは，自販機で買った缶入りの紅茶15本と，100円均一ショップで買ったポテトチップス15袋でした。

【問題3】
　この3年生の頼みかたの問題点をできるだけたくさんあげてください。

【問題4】
　このような買い出しに慣れていない1年生にわかりやすく買い出しを頼む会話例を作ってください。

高校の後輩に引っ越しの手伝いを頼む

　浜田さんは一人暮らしをしていますが，部屋がとても狭いので，もう少し広い所に引っ越そうと思いました。車を持っていないし，引っ越し業者に頼むと高いので，だれかに手伝ってもらいたいと思いましたが，車を持っている友だちは，旅行に行っていたり，車が故障していたりして，都合がつきません。困っていると，たまたま大学の食堂で，高校時代のクラブの後輩で，2年下の松村くんを見かけました。松村くんとはそれほど親しいわけではありませんが，次のように話しかけました。

> 浜田「あ，ひさしぶり。あのさ，来週の土曜日，時間，ない？」
> 松村「来週の土曜ですか。今んとこ，予定ないですけど。」
> 浜田「ラッキー！　ちょっと引っ越しするんだけど，人，探してたんだ。ちょうどよかった。」
> 松村「え？　浜田さんの引っ越しっすか。土曜はバイトがあるんで，ちょっと。」
> 浜田「予定ないって言ったじゃん。」
> 松村「でも，どんなことしたらいいんすか。」
> 浜田「荷物，運んだり。土曜日の朝，また連絡するから。」

【問題5】
　引っ越しの前の日，松村くんは浜田さんに引っ越しの手伝いに行けないという連絡をしてきました。どうしてそんなことになったのでしょうか。

【問題6】
　浜田さんが松村くんに引っ越しの手伝いをお願いする会話例を作ってください。引っ越しの日時，移動の距離，手伝ってくれる人の人数，お礼の有無などについても考えて，必要な情報があれば，盛り込んでください。

お好み焼き屋さんでお客さんにお願いをする

　水谷くんは，お好み焼き屋でアルバイトをしています。とても人気のある店で，お客さんが多い時間には順番待ちの行列ができます。水谷くんは，混雑しているときに，次のような言いかたでお客さんにお願いをしています。

【順番待ちのお客さんがレジの前に並んでいるとき】
水谷「お客さん，ここ，邪魔ですから，壁に沿って並んでください。」
お客「えっ？」
水谷「お勘定できないですから。」

【4人用のテーブルに2人連れのお客さんを案内するとき】
水谷「あの，向かい合わせじゃなくて，横に座ってください。」
お客「えっ？　横に？」
水谷「ええ。奥に入ると，相席のお客さんに立ってもらわないと，出られなくなりますよ。」

【食べ終わっても，なかなか帰ろうとしないお客さんに】
水谷「あの，あそこでお客さんが待ってますんで。」
お客「ん？」

【問題7】
　水谷くんの言いかたの問題点をできるだけたくさんあげてください。

【問題8】
　それぞれの状況でお客さんを不快にさせないでお願いする会話例を作ってください。お願いするタイミングやお願いするときの動作なども考えてください。

先生に卒業研究の指導をお願いする

聖光大学の情報コミュニケーション学科では，3年生の1月末日までに，卒業研究を指導してもらう先生を決め，「卒業研究指導教員届」にその先生の印鑑を押してもらい，教務係に提出しなければなりません。中野くんは，松田先生の研究室に行き，次のように話しました。

> 中野「ええと，あの，これにはんこが要るんですけど。」
> 先生「何？　卒業研究の？　ちょっと，そこ，座って。テーマは，どんなこと，考えてるの？」
> 中野「あんまり考えてないんですけど。」
> 先生「テーマ，書かないと，出せないよ。なんか考えてないの？」
> 中野「なんか，笑いとか，漫才とか。」
> 先生「それだったら，島田先生のほうがいいんじゃないかなあ。」
> 中野「きのう島田先生のとこに聞きに行ったんですけど，たくさん引き受けたから，もうダメだって。」
> 先生「うーん，そう？　ロング先生は？　ジョークに詳しいから。」
> 中野「ロング先生も人気があるんで，無理だと思うんです。」
> 先生「でも，テーマ，どうするの？　ここにちゃんと書かないと。」
> 中野「それは，あとで書きますから。とにかく先生のはんこがないと出せないんです。あした，締め切りなんで。」

【問題9】
中野くんの話しかたの問題点をできるだけたくさんあげてください。

【問題10】
中野くんが松田先生に気持ちよく卒業研究の指導を引き受けてもらえるような話しかたをしたときの二人の会話例を作ってください。

会社の同僚に英語のメールのチェックをお願いする

ソフトウェアの会社で働いている佐藤くんは，ビジネスパートナーである台湾の会社に向けてすぐに英語でメールを書かなければなりません。早く送りたいのですが，ちゃんと書けているかどうか自信がないので，少し離れた所に座っている英語の得意な大木さんに，次のように話しかけました。

> 佐藤「大木さん，ちょっと来て。」
> 大木「はい，何ですか。」
> 佐藤［画面に表示されている自分が書いた英語のメールを指差して］
> 　　　「これ，教えてくれない？」
> 大木「え，これですか。ちょっと読ませてください。」
> 　　　［画面の英語を読む］
> 大木「なんだ，これ，佐藤さんが書いたんですか。」
> 佐藤「そうだよ。だから，教えてって言っただろ。」
> 大木「で，何すればいいんですか。」
> 佐藤「ちゃんとした英語になってるかどうか見て，直してほしいんだ。急ぎで送らないといけないから。」
> 大木「そう言われても，これ，何，言いたいか，わからないですよ。」
> 佐藤「そう言わずにさ，教えてよ。もう時間ないから。」
> 大木「でも……。」

【問題11】
佐藤くんの話しかたの問題点をできるだけたくさんあげてください。

【問題12】
この例のように，自分が書いた英語のチェックをお願いする会話例を作ってください。

[課題1]

　卒業研究で，子ども服のファッションについて調べることにしました。そのためには，たくさんの子どもたちの写真を撮らなければなりません。公園で遊んでいる子どものお母さんに子どもの写真を撮らせてほしいとお願いする会話例を作ってください。

　そして，お母さんを安心させるためにどんなことをしたかなど，会話例を作るときに行った工夫についても説明してください。

[課題2]

　1週間ほど外国に行くことになったとします。その間，飼っているネコの世話をだれかに頼まなければなりません。それをお願いする会話例を作ってください。だれに頼むかは，自由に決めてください。そして，会話例を作るときにどんな工夫をしたかについても説明してください。

[課題3]

　外出したとき，電車に乗ってから，部屋のかぎをかけてくるのを忘れたような気がしてきました。近くに住む友だちにそれを確認してくれるようお願いする電話の会話を作ってください。部屋にかぎがかかっていた場合とかかっていなかった場合のそれぞれについて，その友だちにどうしてもらいたいかを考えて作ってください。

　そして，会話例を作るときにどんな工夫をしたかについても説明してください。

[課題4]

　電話や直接の会話で人にお願いをするときに気をつけなければならない点をわかりやすくまとめてください。そのとき，よい例と悪い例をできるだけたくさん具体的に示してください。

トレーニング4
お店やサークルの宣伝をする

ウォーミングアップ

【ウォーミングアップ1】

　電話セールスや，キャッチセールス，宗教団体などによる勧誘活動などで，効果的だと思った経験や，効果的でないと思った経験をできるだけたくさんあげてください。たとえば，次のような小さなことでかまいません。

> 　高校生のとき，自宅近くの駅の前で，突然，外国の人らしい若い男の人から「こんにちは。あなたは神を信じますか？」と声をかけられ，どう答えていいかわからず，逃げるように帰ってきた。

【ウォーミングアップ2】

　ラジオやテレビのコマーシャルで，ことばの面で効果的だと思った経験や，効果的でないと思った経験をできるだけたくさんあげてください。たとえば，次のような小さなことでかまいません。

> 　新しくできた家電量販店のテレビCMで，画面に地図が写ると同時に「川西駅北口を左へ50メートル」という音声が入った。場所がはっきりわかり，行こうという気になった。

お店やサークルの宣伝をする

「回転寿司 第三海進丸」の開店チラシを配る

「回転寿司 第三海進丸」が店をオープンすることになり，近くの駅前でチラシを配ることになりました。次のようなチラシで，アルバイトの学生2人が配る予定です。

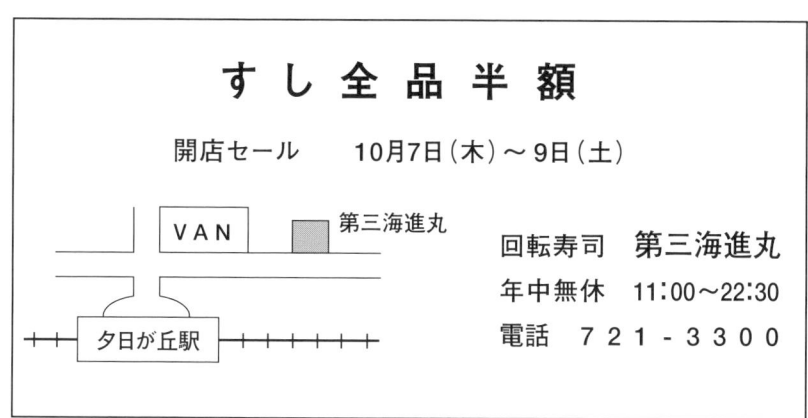

【問題1】

通りかかった人にチラシを渡そうとするとき，黙って差し出すのと，なにか言いながら差し出すのでは，どちらのほうが，来てくれそうな人に受け取ってもらえると思いますか。それは，どうしてですか。

【問題2】

チラシを渡そうとするとき，次のように言うのは，どうでしょうか。それぞれの場合，通りかかった人はチラシを受け取ろうと思うかどうか考えてください。

「お願いします。」

「すいませーん。」

【問題3】

このチラシを渡そうとするとき，どう言って差し出すのがいちばん効果的か考えてください。チラシを配る2人が違うことを言うのでもかまいません。

「CAFE BLANC」で新メニューのベトナム料理を勧める

　「CAFE BLANC」では,フードメニューはこれまでピッツァやパスタ,サンドイッチ,サラダしかありませんでした。最近,ベトナム料理を取り入れ,生春巻きの「ゴイクン」やベトナム麺の「フォー」なども出すようになりました。次の会話は,スタッフが若い男女二人連れのお客さんに新メニューを勧めているときのものです。

スタッフ「ご注文はお決まりでしょうか。」
女のお客「ええと,きまぐれピッツァと,シーザーサラダ。」
男のお客「それと,カシスオレンジと,ジンライム。」
スタッフ「新メニューで,ゴイクンやチキンフォーを始めたんですけど,いかがですか？」
男のお客「えっ。いやあ。」
スタッフ「ぜひ食べてみてください。うちの一押しです。」
女のお客　[連れの男性に]「いいよねえ。」
スタッフ「今月中はお試し価格で安くなっていて,お得ですよ。」
男のお客「いや,いいです。」
スタッフ「そうですか。」

【問題4】
　このお客さんの反応はとても冷たいですが,どうしてでしょうか。考えられることをできるだけたくさんあげてください。

【問題5】
　新メニューをたくさん注文してもらうようにするためには,スタッフはお客さんにどういうタイミングでどのように言えばいいでしょうか。スタッフとお客さんの会話例を作ってください。

お店やサークルの宣伝をする

> ### サークル合同説明会で「海外農業研究会」の紹介をする

清心大学では，新入生の勧誘のために，文化系サークル合同説明会を開いています。説明会では，20ほどある文化系サークルがステージの上で1分間ずつ宣伝のための説明をする時間があります。次の説明は，18番目に登場した「海外農業研究会」の人がしたものです。CD-4 は，その音声です。

ええと，うちのサークルは，清心大学海外農業研究会と言います。ええと，農業というと，あんまり身近な感じがしないかもしれませんけど，私たちが食べるものは，農業のおかげになってます。ええと，お米や野菜やパンもそうですけど，肉も飼料は農業でできたものです。ええと，海外では，土地によっていろんな違う農業をしてます。うちのサークルは，海外の農業のことを調べて，その土地に行って，農業体験をします。ええと，はじめのうちはけっこうたいへんかもしれないけど，慣れると，楽しいほうが多くなります。普通の人が行かないような所に行けるから，とにかくとっても楽しい体験ができます。やっぱり，これから世界の人口がますます増えてくから，農業が大事になってきます。やっぱりこれからは農業です。ええと，あ，それから，じつはうちのサークルは女の子がかなり多いです。半分以上の学年もあります。ええと，ぜひうちのサークルに入ってください。お願いしまーす。

【問題6】

この説明の問題点を述べてください。新入生の気持ちになって，どんなことを聞いたら，このサークルに入ろうと思うかを考えて答えてください。

【問題7】

新入生が入りたくなるような，このサークルの説明例を作ってください。

「かぼすや」のラジオCMを作る

　開店したばかりの居酒屋「かぼすや」が，桃山市を放送エリアとするコミュニティラジオ局「FM桃山」に30秒間のCMを流すことにしました。そして，次のようなナレーション案を考えました。

　桃山市美津寺町3の14の5に今までにない創作居酒屋「かぼすや」が11月5日にオープン。海の幸，山の幸満載の料理と，ビール，お酒，焼酎，ワイン，カクテル，ソフトドリンクまで豊富な品ぞろえで，若者の心をゲット。11月末日までは，北海道フェアも開催中。北海道直送の毛ガニ，ホタテ，じゃがいもなどをお楽しみいただけます。味は保証つき，お値段，安心。ただいま開店セール実施中。午後6時までにご来店の方には，生ビール1杯サービスいたします。電話は328の4119，駐車場も完備。緑の大きな看板が目印です。従業員一同，皆さまのご来店をお待ちしています。皆さん，来てね。来ないと，損するよ。

【問題8】
　このナレーションを適度な早さで読んでみて，30秒のCMに入れるナレーションとしてどれくらいの長さが適当かを考えてください。

【問題9】
　このCMを効果的なものにするためには，ナレーションにどんな情報を入れるのがよいか，どんな情報は必要ないか，具体的に述べてください。

【問題10】
　宣伝効果のある「かぼすや」のCMを作ってください。店のコンセプトやどういう人をターゲットにするかを明確にしたうえで，CMのナレーションを考えてください。ナレーションの内容は，大きく変えてもかまいません。

ケーキ屋「パティスリー ヒロ」のテレビCMを作る

　ケーキ屋の「パティスリー ヒロ」が，向陽市のコミュニティケーブルテレビ「きらきらテレビ」に20秒間のＣＭを流すことにしました。そして，次のような構成案を考えました。

---

(1) 広大な牧場に牛が群れている画面（4秒）
　「大地の恵（めぐみ）のミルクとクリーム。」
(2) 放し飼いのニワトリがエサをつついている画面（4秒）
　「生んだばかりの新鮮なたまご。」
(3) どこまでも続く小麦畑の画面（4秒）
　「有機栽培されたオーガニック小麦。」
(4) 「パティスリー ヒロ」の店内の画面（8秒）
　「自然な材料を使った，おいしいケーキ。パティスリーヒロからの贈り物です。」

【問題11】
　このＣＭを見た人は，どんな印象をもつと思いますか。あまり宣伝効果がないとすると，どういう点が悪いのかを述べてください。

【問題12】
　このＣＭでは，20秒の中でどんなことを伝えるのが宣伝によいと思いますか。どういう人をターゲットにしてどんなコンセプトのＣＭにするかをよく考え，ＣＭの大まかな構成案を考えてください。構成やナレーションは，もとのものとまったく違うものでかまいません。

【問題13】
　宣伝効果のある「パティスリー ヒロ」のＣＭの詳しい構成案を作ってください。そこにナレーションも入れてください。

北島町議会議員選挙で選挙カーからアピールをする

　中村さくらさんは，大学で行政学を専攻しました。卒業論文で，自分が住む北島町(きたじままち)のことを調べたとき，行政の情報公開が遅れていることと，隣の平井市(ひらいし)に通勤するニュータウン住民へのサービスがあまり行われていないことを知りました。そして，北島町の町議会議員選挙に立候補しました。次のことばは，中村さんが走っている選挙カーから話したアピールです。

　北島町町議会議員候補の中村さくらです。ありがとうございます。選挙戦もあと１日を残すばかりとなりました。精一杯がんばってきました。あと１日，あと１日のご支援をよろしくお願いします。

　私は，これまで北島町の町政を調べてきました。その結果，情報公開が遅れていることがわかりました。全国市町村オンブズマン連絡協議会の全国市町村情報公開度ランキングでも最下位グループに入っています。私が町会議員になりましたら，情報公開を進めてまいります。

　また，北島町は，世帯の半数近くがここ30年の間に転入してきた住民です。こうした住民への行政サービスを充実させていきたいと思います。ご支援，よろしくお願いします。

【問題14】
　走っている選挙カーからのこのアピールは，効果的でしょうか。問題点をあげてください。

【問題15】
　選挙カーからのアピール例を作ってください。中村さんはどんな人をターゲットにして，どんなことをアピールすればよいのかを考えて作ってください。追加したほうがいい情報は，想像で補ってかまいません。

お店やサークルの宣伝をする　39

[課題1]

　駅前などで募金をしているとき，どのようなことばで呼びかけられると，募金をしようという気持ちになるか，どのようなことばだと，そのような気持ちにならないかを述べてください。また，呼びかけのことば以外のこと，たとえば，募金を求める人の数や，募金箱などに書かれることばなどについても述べてください。

　それをもとに，募金を集めるときの具体的な計画書を作ってください。それには，人数や人の配置，呼びかけのことばなども載せてください。

[課題2]

　選挙のときの政見放送や街頭演説，選挙カーの連呼などで，その候補によい印象をもった経験や，悪い印象をもった経験をできるだけたくさんあげてください。

[課題3]

　ラジオやテレビで流されているコマーシャルから，よいと思うものや悪いと思うものを集め，どういう点がよいか，どういう点が悪いかを述べてください。悪い点が多いコマーシャルについては，改善案を示してください。

　集めるコマーシャルは，放送エリアが狭いラジオやテレビで流されている，地域のお店のコマーシャルなどにしたほうが考えやすいと思います。

[課題4]

　ラジオかテレビで流すコマーシャルを試作してください。お店や品物など，どんなジャンルのコマーシャルでもかまいません。そして，そのコマーシャルを作るときにどんな工夫をしたかについても説明してください。

　時間は，15秒，20秒，30秒，40秒，1分など，好きなように設定してかまいません。時間の違う2つ以上のバージョンを作ってもかまいません。

トレーニング 5
誘う，断る，謝る

ウォーミングアップ

【ウォーミングアップ 1】

　誘いかたが悪くて断られた経験をあげてください。また，断りかたが悪くて相手にうまく伝わらなかった経験もあげてください。誘いかたや断りかたに関連した次のようなことでもかまいません。

> 　友だちに旅行に誘われたとき，アルバイトの調整がつくかどうかすぐわからなかったので，「ちょっと考えておく。」と答えたら，「来るつもりがないのなら，はっきりそう言えよ。」と言われた。

【ウォーミングアップ 2】

　相手の謝りかたがうまかったので腹が立たなかった経験をあげてください。また，逆に，相手の謝りかたが悪くて腹が立った経験もあげてください。たとえば，次のような小さなことでかまいません。

> 　新幹線でコーヒーを飲んでいたら，隣の人が立ち上がるときにぶつかり，コーヒーが服にかかった。その人は服の汚れややけどの心配もして謝り，飲み物を買い直してくれたので，腹が立たなかった。

誘う，断る，謝る 41

同級生を誘って飲みに行く

松山くんは，次のように，同級生の前田さんを誘っています。

> 松山「ねえ，今度の週末，時間ない？」
> 前田「うーんと，土曜はバイトあるけど，日曜ならあいてるよ。」
> 松山「いや，土曜がいいんだけどな。」
> ［前田さんの携帯電話が鳴ったので，松山くんから少し離れて話す］
> 前田「ごめん。それで，何？」
> 松山「バイトは夕方までだろ？　夜，飲みに行きたいなと思って。」
> 前田「なんだ。早く言えばいいのに。今，予定入れちゃったよ。」

別の日，大石くんが，次のように，前田さんを誘っています。

> 大石「ていうか，正門，出て，ちょっと行ったとこに「ヴィーノ・ヴィーノ」って店ができたじゃん。」
> 前田「何，それ？」
> 大石「ワインバー。この前，ワイン好きだって言ってたじゃん。」
> 前田「うん。まあね。」
> 大石「じゃ，予約しといたから。きょう，授業，終わったら，行こ。」
> 前田「そんな急に言われても。お金ないし，ちょっと予定あるし。」
> 大石「大丈夫，遅くならないし，立て替えるからさ。行こ，行こ。」

【問題１】
松山くんと大石くんの誘いかたのよい点と悪い点をあげてください。

【問題２】
前田さんをうまく誘う会話例を作ってください。

ゼミ旅行の行き先としてソウルを提案する

　石原さんの所属しているゼミでは，毎年，4年生がゼミ旅行をしています。今年，その企画担当になった石原さんは，前から行ってみたいと思っていたソウルを行き先にしようと思い，ゼミのメンバーに話してみました。メンバーからは次のような意見が出てきました。

> 「海外なんて，行くお金ないよー。」
> 「遠いんじゃない？　行くだけで疲れるよ。」
> 「おれ，韓国語できないからなあ。」
> 「うちのお父さん，仕事で行ったけど，日本の都会と変わらなかったって言ってたよ。」

　なんとかしてソウルに行きたいと思っている石原さんは，ゼミのメンバーを説得するために次のようなツアーを見つけてきました。

> ・最安値は4日間で42,800円。
> ・成田から直行便で3時間以内。
> ・K-POPアイドル風の衣装を着て写真撮影するオプショナルツアーあり。
> ・無料のオンライン体験ツアーが含まれているので，事前にそれを見て計画が立てられる。

【問題3】

　ゼミ旅行の目的地をソウルにできるように，石原さんがほかのメンバーを説得する会話例を作ってください。石原さんの発言だけでなく，ほかの人の発言も入れてください。

スノーボードツアーの誘いを断る

田中さんは，次のように，友だちの石川さんからスノーボードのツアーに誘われています。

> 石川「ねえ，再来週、いっしょにスノボ，行かない？ そのころ暇だって言ってたでしょ。」
> 田中「うーん，時間はあるけどね。」
> 石川「実は，もう申し込んでるんだ。奥村くんと行こうってことになったんだけど，2人で行くって関係でもないから，友だち，誘おうって。」
> 田中「でも，私，やったことないし。」
> 石川「私だってはじめてだから。奥村くん，教えてくれるって。お金，ない？」
> 田中「ううん，この前，バイトのお金，入ったから。」
> 石川「じゃ，問題ないじゃん。」
> 田中「うーん，そうだね。でも，寒いの苦手だし，何，着ていったらいいか，わかんないし。」
> 石川「じゃあ，私，服，買いに行くの，つきあったげるよ。いいのがなくても，向こう行って，レンタルすればいいから。」
> 田中「えー？ でも，やっぱり。」
> 石川「行こうよ。」
> 田中「うん。ちょっと考えてみる。」

【問題4】

田中さんはスノーボードツアーに行きたくないのに，うまく断れないようです。田中さんがうまく断るような会話例を作ってください。

介護ビジネス関連会社への就職の誘いを断る

石井くんは大学3年生です。就職活動を始めたころ，介護ビジネス関連の小さな会社に就職したサークルの先輩から，次のような電話がありました。

> 先輩「ああ，石井？ ひさしぶり。そろそろ就職活動，始めてる？」
> 石井「ええ，まあ，ぼちぼちと。」
> 先輩「こんな時代だから，早めに決めないと。」
> 石井「ええ，そうですね。でも，焦って，変なところに決めたくないんで。いろんな会社を見てみたいし，自分の実力も確かめたいですから。」
> 先輩「あんまりのんびりしててもなあ。うちの会社でも，人，探してんだけど。介護ビジネスはこれから伸びてくから。ちょっと話だけでも聞いてみない？」
> 石井「そうですねえ。でも，あんまりせこい会社，受けて，すぐ内定もらったって，どうせ行かないですからね。」
> 先輩「就職はあんまり甘く見ないようにしないと。」
> 石井「そんなの，大丈夫ですよ。就職情報，ちゃんとつかんでますから。それに，Aもばっちりそろえてあるし，TOEICも先輩よりいいと思いますよ。」
> 先輩「うーん。じゃ，まあ，がんばって。」

【問題5】
石井くんの断りかたの問題点をできるだけたくさんあげてください。

【問題6】
石井くんが先輩からの就職の話を断る会話例を作ってください。石井くんの現在の状況や就職先の希望は，自由に設定してかまいません。

誘う，断る，謝る

友だちの誕生パーティーに遅刻したことを謝る

　大西くんは，川島さんの誕生パーティーに招かれていましたが，30分も遅刻してしまいました。そのパーティーは，川島さんの家に友だちが10人ぐらい集まって開かれたものです。次の会話は，大西くんが川島さんの家に着いたときのものです。

> 大西「ハハハー，遅れちゃったー。」
> 川島「遅いじゃないの！　どうしたの？」
> 大西「あれ，まだ始めてなかったの？」
> 川島「せっかくだもん，みんなそろってから始めようと思って。」
> 大西「いやー，遅れそうだったから，ちょっと近道したつもりだったんだけど，知らない道で，かえって迷っちゃって。」
> 川島「そんなの，もっと早く出ればいいじゃん。」
> 大西「いやー，遅れそうだと思って，電話したんだよ。そしたら，出なかっただろ？　それで，時間がかかったの。」
> 川島「あ，そう。じゃ，私が悪いの？」
> 大西「そんなこと，言ってないだろ？　それに，この前，コンサート行くとき，自分だって遅れたじゃないか。」
> 川島「あれは，ちょっとだけじゃない。遅れるって，ちゃんと電話したし。」

【問題7】
　大西くんの話しかたには，どんな問題点がありますか。

【問題8】
　川島さんを怒らせないように，大西くんが，遅れたことを謝る会話例を作ってください。そのとき，待っていたほかの友だちのことも考えてください。

レストランの注文で間違えていたことを謝る

浅野さんは，和食レストランでホールスタッフのアルバイトをしています。アルバイトは交替制で，浅野さんのきょうの最初の仕事は，前のシフトのスタッフが聞いた注文の料理をお客さんに運ぶことでした。最初におすしを持っていったあと，定食を持っていくと，お客さんからクレームがつけられました。 CD-5 の音声は，そのときのものです。

> 浅野「お待たせしました。てんぷら定食とミックスフライ定食です。以上で，よろしいでしょうか。」
> お客「ちょっとー，このおすし，わさびが入ってんだけどー。」
> 浅野「はあ。」
> お客「子どもの分，わさび抜きにしてくれって言ったんだけど。」
> 浅野「はあ。」
> お客「注文するとき，言ったんだけど。」
> 浅野「はあ。あ，伝票に書いてなかったんだと思います。」
> お客「そんなー。とにかく，わさび抜きの，持ってきてよー。子どもが食べれないじゃん。」
> 浅野「はあ。追加ですか。」
> お客「追加って，そっちが間違えたんだろー。」
> 浅野「はあ。あ，じゃあ，ちょっと確認してきます。」

【問題9】
お客さんにたいする浅野さんの話しかたには，どんな問題点がありますか。できるだけたくさんあげてください。

【問題10】
浅野さんがこのお客さんにうまく応対する会話例を作ってください。

課題1

　音楽、スポーツ、旅行など、自分が好きなことに、それまで興味を持っていなかった友だちを誘う会話例を作ってください。音楽ならコンサート、スポーツなら試合の観戦などでもかまいませんし、いっしょにやってみようというのでもかまいません。

　そして、会話例を作るときにどんな工夫をしたかについても説明してください。

課題2

　地域のソフトボールチームの忘年会と大学のサークルの忘年会が重なってしまいました。どちらもかなり前から予定されていたのですが、連絡を忘れているうちに3日前になってしまいました。どちらか一方に断りの電話を入れるとして、その会話例を作ってください。

　また、時間をずらして、両方の忘年会に少しずつ出ることにした場合の会話例も作ってください。

　そして、会話例を作るときにどんな工夫をしたかについても説明してください。

課題3

　自分の都合で相手からの誘いや申し出を断らなければならないとき、どのような点に気をつけて断ればよいでしょうか。よい例と悪い例をできるだけたくさん具体的に示して、まとめてください。

課題4

　自分がほかの人に迷惑をかけたとき、どのような点に気をつけて謝ればよいでしょうか。よい例と悪い例をできるだけたくさん具体的に示して、まとめてください。

トレーニング 6
道や交通の案内をする

ウォーミングアップ

【ウォーミングアップ 1】

　どこかへ行くときの道順や交通を教えてもらって，わかりにくいと思った経験や，そのとおりに行ったつもりで迷ってしまった経験をできるだけ具体的に述べてください。たとえば，次のような小さなことでかまいません。

> 「ずっとまっすぐ行くと酒屋(さかや)があるから……」と言われた。どこまで行っても酒屋がないので戻ったら，はじめの場所から30メートルぐらいの所に酒屋があった。「ずっと」に意味はなかったみたい。

【ウォーミングアップ 2】

　どこかへ行くときの道順や交通を教えてもらって，わかりやすいと思ったり，間違えないようにうまく説明してくれたと思った経験をできるだけ具体的に述べてください。たとえば，次のような小さなことでかまいません。

> 池田駅を出たところで，はじめて行くアステホールの道がわからなくなったので，近くにいた人に道を聞いた。「歩くと20分くらいかかるけど，歩いてく？」と最初に聞いてくれたのはよかった。

電話で駅から「ウブドゥ」への道を案内する

　野口さんは，友だちからアジア雑貨の「ウブドゥ」という店の評判を聞き，電話番号を教えてもらいました。店の場所がわかりにくいということだったので，店に電話して駅からの道を教えてもらいました。
　CD-6 の音声は，そのときの会話です。メモをとらないで聞いてください。

【問題1】
　この道案内を聞いたあとで，教えてもらった道順を思い出し，それを書いてください。略図にしてもかまいません。

【問題2】
　この道案内のわかりにくいところや不親切なところをあげてください。

【問題3】
　この道案内をわかりやすく親切にした会話例を作ってください。つけ加える必要がある情報は，想像で適当に補ってください。

　参考のために，CD-6 の音声を文字にしたものを示しておきます。

> 店員「はい，ウブドゥです。」
> 野口「あの，ちょっとそちらのお店に行きたいんですが，駅からの道がわからなくて。」
> 店員「ああ，はいはい。西口を出ると，キノクニヤが見えますから，そこを右に入ってください。ポプラが見えたら，次の角を右に入ってください。角にジュースの販売機があります。4本目の通りを左に曲がって少し歩くと，すぐわかると思います。お昼と晩はダイニング・アジアという店のメニューが出てますから，それを目印にして曲がると，わかりやすいですよ。」

電話ですずらん台駅から家までの道を案内する

　大村さんの家に友だちが10人ほど集まることになりました。それぞれがばらばらの時間に来るので、すずらん台駅に着いたら電話してもらい、駅から家までの道を説明することにしました。

　次の地図は、すずらん台駅から家までの略図です。これは大村さんが知っているものを書いた地図で、実際にはここにない細い道や建物があります。

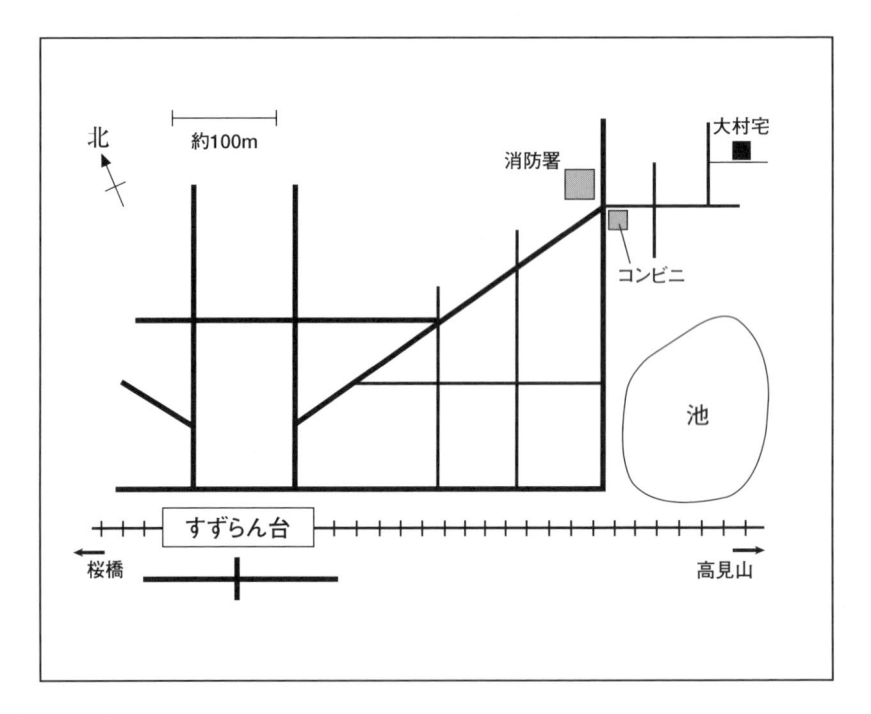

【問題4】

　このような状況で家までの道を教えるときに気をつけなければならないことをあげてください。

【問題5】

　駅に着いた友だちに家までの道を大村さんが説明するときの電話の会話例を作ってください。予想される友だちの反応も含めた会話にしてください。

道や交通の案内をする

道に迷った人に電話で「ヒラルダ」までの道を案内する

　桜橋駅から歩いて5分ほどの所にあるスペイン料理店「ヒラルダ」に，高校のときの友だち5人が集まって食事をすることにしました。約束の時間がすぎても秋山さんが来ないので，森さんが秋山さんの携帯に電話をすると「道に迷ったみたい」ということでした。どこにいるのか聞くと「ぜんぜんわからないけど，ちょっと遠くに第一病院の看板が見える」ということでした。
　次の地図は，森さんが頭に描いている桜橋駅のあたりの略図です。

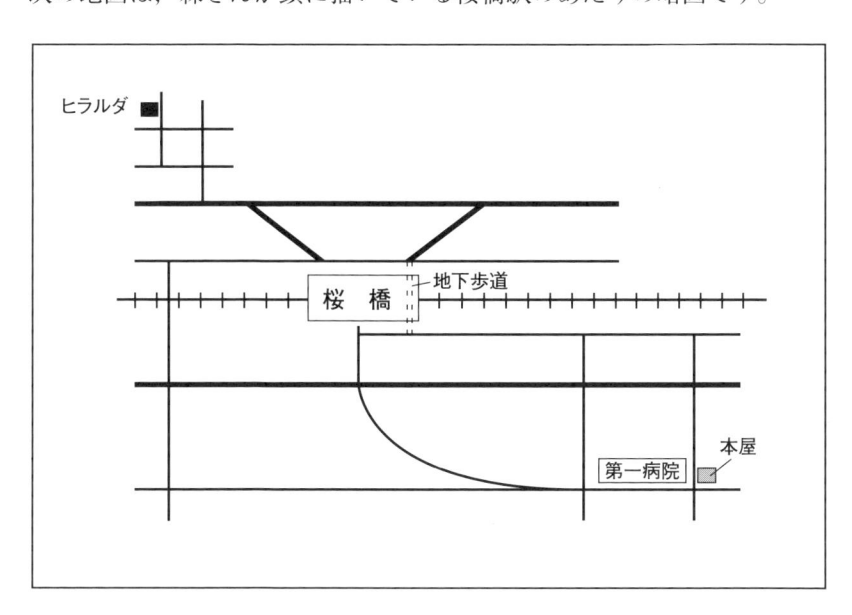

【問題6】
　このように道に迷っている人に道を教えるとき，どのようなやりかたをすればよいか，どんなことに気をつけなければならないかを考えてください。

【問題7】
　森さんが秋山さんに携帯電話で「ヒラルダ」への来かたを教えるときの会話例を作ってください。このとき，森さんは秋山さんがどこにいるかがはっきりわかっていないことに注意してください。

満願寺へ行くバスの乗り場を案内する

　石川駅の近くのショッピングセンターの前で，南さんが友だちと待ち合わせをしていると，70歳ぐらいの人に満願寺へ行くバス乗り場を聞かれました。南さんの記憶では，満願寺へ行くバスには次の2つの路線があります。

(1) 石川駅北口から湯ノ谷温泉行きに乗り，満願寺下車。（所要時間は20分ぐらいで，1時間に4本ぐらい，料金は300円ぐらい。）

(2) 石川バスターミナルから満願寺行きに乗り，終点下車。（所要時間は25分ぐらいで，1時間に3本ぐらい，料金は300円ぐらい。）

次の地図は，石川駅のあたりのものです。道を聞かれた場所は，地図の中の★の所です。

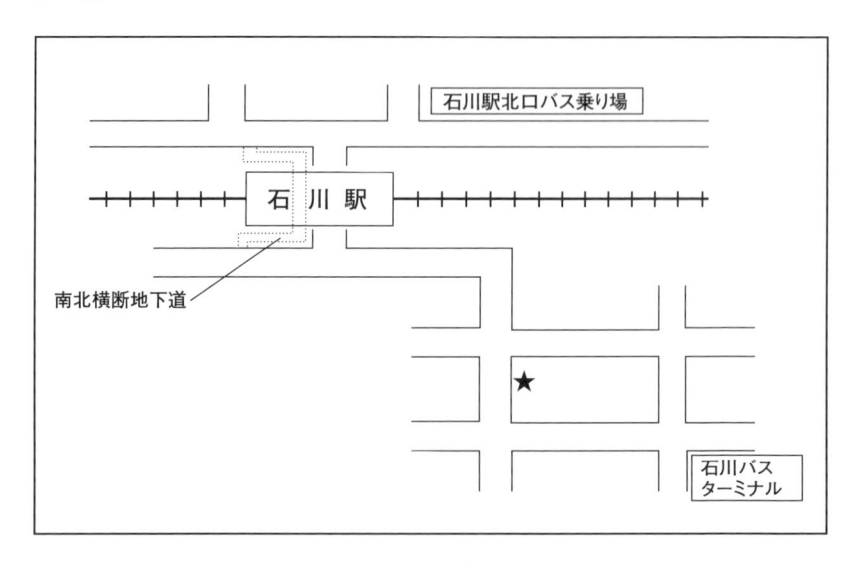

【問題8】
　この状況でバス乗り場を教えるときに気をつけなければならないことをあげてください。

【問題9】
　この人に満願寺へ行くバス乗り場を教えるときの会話例を作ってください。

道や交通の案内をする

学園祭に来る人に大学までの交通案内をする

　福山総合大学の学園祭実行委員のシリラックさんが学園祭実行本部にいると，学外の人から大学への行きかたをたずねる電話がかかってきました。その人は，日曜の午後2時から大学のユニ・ホールで開かれる「LUCIDA LIVE（ルシーダライブ）」のチケットを持っていて，それに間に合うように来たいようです。

　次に示すのは，大学のホームページに載っている「アクセス案内」です。このアクセス案内には，このほか，福山駅と学園都市駅，二日市駅（ふつかいち），夢野台2丁目，大学などの大まかな位置関係の地図が載っています。

　福山駅と二日市駅は，福鉄本線で10分ぐらいかかります。

■福山駅から
　福鉄学園都市線で学園都市駅下車。福鉄バス福山総合大学北口行で福山総合大学正門下車。

■二日市駅から
　福鉄バス星が丘行で夢野台2丁目下車。徒歩17分。

【問題10】
　問い合わせをしてきた人にとってはどういう情報が必要なのかを述べてください。

【問題11】
　シリラックさんがこの人に電話で答えるとき，どんなことに気をつければよいかを述べてください。

【問題12】
　シリラックさんがこの人に電話で答えるときの2人の会話例を作ってください。答えるときにつけ加える必要がある情報は，想像で適当に補ってかまいません。

東京から秋田までの交通を教える

　秋田出身で，東京の大学に通っている森川さんは，アルバイト先の若い店長さんから「今度，友だちの結婚式で秋田に行くんだけど，どうやって行けばいいの？」と聞かれました。

　東京から秋田への交通で，森川さんが知っている情報は次のとおりです。

---

(1) 飛行機で
- 羽田空港から秋田空港まで１時間ちょっと。東京駅からだと，飛行機の出発時刻の１時間以上前に出たほうがいい。
- 秋田空港から秋田市内までは，バスで３０分から１時間ぐらい。
- ２万円ぐらい。早く予約すると１万２千円ぐらいのときもある。

(2) 新幹線で
- 東京駅から秋田駅まで直通で４時間ぐらい。
- １時間に１本ぐらい発車。
- １万７千円ぐらい。

(3) 夜行バスで
- １日１本。全席禁煙。
- 新宿を夜の10時ごろ出て，秋田駅に朝の６時半ごろに着く。
- １万円より少し安いぐらい。

【問題13】
　森川さんが店長さんに秋田への行きかたを教えるとき，どんなことに気をつければよいか，述べてください。

【問題14】
　森川さんが店長さんに秋田への行きかたを教えるときの２人の会話例を作ってください。会話を作るのに必要な情報は，想像で補ってかまいません。

道や交通の案内をする

[課題 1]

　今までに耳で聞いた道案内や交通案内について，迷わないようにわかりやすく伝えていると思ったことや，わかりにくく誤解をあたえやすいと思ったことをいくつかとりあげ，それぞれについてできるだけ具体的に説明してください。

[課題 2]

　どこかからどこかまでの道順や交通を地図を使わないで話すとして，そのことばを，話すとおりに書いてください。たとえば，駅から自宅までの道を電話で説明するとか，空港で市内のホテルまでの行きかたを聞かれて教えるといった状況を設定してください。なるべく説明がむずかしい所があるものをとりあげてください。そして，どの部分を説明するのがむずかしかったか，わかりやすくするためにどんな工夫をしたかについても述べてください。

[課題 3]

　どこかへの道順や交通を口で説明するときに気をつけなければならない点をわかりやすくまとめてください。そのとき，よい例と悪い例をできるだけたくさん具体的に示してください。

[課題 4]

　どこかに行くときの道順や交通手段をいろいろな人に聞いて，それぞれの答えを記録してください。そして，どういう説明がわかりやすかったか，どういう説明がわかりにくかったかを，具体例をあげながらまとめてください。
　人に聞く道順や交通手段は，なるべく説明がむずかしそうなものを選んでください。

トレーニング7
インタビューをする

ウォーミングアップ

【ウォーミングアップ1】
　テレビのインタビュー番組を見ていて，話を聞き出すのがうまいと思ったことや，不快に感じたり話がかみ合っていないと思ったことをできるだけ具体的に述べてください。たとえば，次のような小さなことでかまいません。

> 　出場者の若いカップルから話を聞き出す「キスだけじゃイヤッ！」で，司会者が「そりゃ，別れようと思ったことあるよな。」などと質問するので，出場者はつい本音（ほんね）を言ってしまうようだ。

【ウォーミングアップ2】
　インタビューのようなことをしたことがあれば，インタビューで話がうまく聞き出せた経験や，うまく聞き出せなかった経験をできるだけ具体的に述べてください。たとえば，次のような小さなことでかまいません。

> 　戦時中の学生の生活を調査するために，そのころ学生だった人たちにインタビュー調査をしたが，きちんと準備をしないで漠然（ばくぜん）とした質問をしたため，ほとんど雑談のような話で終わってしまった。

インタビューをする

フリーペーパーの記事を書くためにインタビューをする

前川さんは，毎月１回発行される地元情報のフリーペーパーの取材を手伝っています。今回，地元に古くからある和菓子屋さんの記事を書くことになり，その店の職人さんに次のようにインタビューをしました。

> 前川「こんにちは。あの，私，どっちかっていうと，ケーキとかのほうが好きなんですけど，こういうのもおいしいんですか。」
> 職人「うーん，若い人にはどうかわからないけどね。」
> 前川「一人前の職人になるには10年以上かかるって聞いたんですけど，本当ですか？」
> 職人「まあ，そうかな。」
> 前川「おじさんは，中学を卒業してからここでずっと働いてるって聞いたんですけど。」
> 職人「ああ。」
> 前川「じゃあ，何年ぐらいになるんですか？」
> 職人「いや，まあ，かれこれ40年ぐらいかな。」
> 前川「じゃあ，もう一人前ですね。」
> 職人「どうかなあ。」
> 前川「そうですか。じゃあ，がんばってください。どうもご苦労さまでした。」

【問題１】
前川さんのインタビューの問題点をできるだけたくさんあげてください。

【問題２】
フリーペーパーの読者がおもしろいと思ってくれる記事を書けるように，この職人さんにうまくインタビューをする会話例を作ってください。

四国大学対抗駅伝のヒーローインタビューをする

　土佐大学放送局はラジオ番組を作り，昼休みに食堂で流したり，インターネットラジオで放送しています。四国大学対抗駅伝の番組で，アナウンサーが，優勝した自校チームの選手に次のようにインタビューをしていました。

アナ「優勝おめでとうございます。今，どんなお気持ちですか。」
選手「ええ，うれしいです。」
アナ「この気持ちをだれに伝えたいですか。」
選手「ええ，みんなに，伝えたいです。」
アナ「練習はどうでしたか。」
選手「ええ，一生懸命，やりました。」

【問題3】
　この選手はあまり話すのに慣れていないようです。リスナーが聞いておもしろいインタビューにするには，どのような質問をすればよいと思いますか。

【問題4】
　この選手とレースに関する情報を次にまとめました。この情報を使ってリスナーが聞いておもしろいと思うようなインタビュー例を作ってください。

- 天馬 譲：2年生。身長185cm。10月10日生まれ。家族は父と姉。高校3年のときインターハイの1500mで優勝。駅伝ははじめて。
- 競技：6人1チーム。それぞれが5kmから10km走る。
- チーム：優勝経験なし。3年生主体のチーム。
- レース展開：天馬選手はアンカー（最終走者）。2位でたすきをもらい，一度3位まで落ちたが，ラスト500mで2人抜いて優勝。

電気炊飯器のユーザーインタビューをする

　村山さんは，電気メーカーで電気炊飯器（電気釜）の企画開発をしています。自社の炊飯器のユーザーの声を聞いて新製品の開発につなげようと，ユーザーを5人集めて，インタビューをすることにしました。あいさつが終わり，商品を前にして，次のようにインタビューが始まりました。

> 村　　山「あの，率直にお聞きしたいんですが，当社の製品についてどのようにお考えでしょうか。」
> ユーザー「それ，うちのとちょっと違うんですけど，ボタンがたくさんあって，よくわからないですね。」
> 村　　山「取説を見ていただければ，わかりますよ。」
> ユーザー「えっ，とりせつ？　ああ，取扱説明書？　ご飯を炊くぐらいで，わざわざ見ないですよ。だいたい，そんなにいろいろ使う人，いないんじゃないですか。」
> 村　　山「でも，機能をたくさんつけないと，売れないんですよ。」
> ユーザー「そうかなあ。私は要らないですね。栗ご飯とか，いろんなの，炊けるみたいだけど，何が違うかわからないし。」
> 村　　山「ええと，それは，炊き込み機能のことですか。おこわ機能のことですか。」
> ユーザー「そのへんがよくわからないんで。」

【問題5】
　村山さんのインタビューの問題点をできるだけたくさんあげてください。

【問題6】
　ユーザーの意見をうまく聞き出すインタビューの例を作ってください。炊飯器ではなく，違う製品のユーザーインタビューに変えてもかまいません。

「生きがい」についてのインタビュー調査に協力してもらう

　北野さんは，卒業研究で「生きがい」の世代差をアンケートによって調べようと思っています。まだテーマも漠然（ばくぜん）としていて，アンケートの調査項目も決まっていません。指導の先生に相談すると，予備調査として，いろいろな世代の人にインタビューをしてみたらどうかと言われたので，そうすることにしました。家の近くにある電車の駅に，朝のラッシュが終わった9時ごろに行って，駅に来た人に次のように声をかけましたが，協力してくれる人はほとんどいませんでした。

　北　野「あの，すいません。生きがいについてお話を聞きたいんですけど」
　男の人［無視して行ってしまう］
　北　野「もう，ケチ！」

　北　野「あの，すいません。卒業研究の調査なんですけど。」
　女の人「えっ？」
　北　野「生きがいについて聞きたいんですけど。」
　女の人「えっ？　宗教かなにか？」
　北　野「違います，違います。暇だったら，お願いします。」
　女の人「暇じゃないけど。」

【問題7】
　北野さんの声のかけかたの問題点をできるだけたくさんあげてください。

【問題8】
　多くの人にインタビューに協力してもらうには，どこでどんな人に頼むのがよいかを考え，いくつかの状況の会話例を作ってください。

児童虐待についてインタビュー調査をする

　西村くんは，児童虐待について卒業論文を書くために，子育て中のお母さんに次のようにインタビュー調査をしました。CD-7 はそのときの音声です。

> 西村「これまで，児童を虐待しようと思ったことはありますか。」
> 母親「自分の子どもを，ですか。ありませんね。」
> 西村「そうですか。アンケートだとかなりの母親が虐待したくなったと答えてますが。じゃ，どんなとき，子どもを叱ります？」
> 母親「そりゃ，言うことを聞かないときですね。うーん，たとえば」
> 西村「そんなとき，だれかに相談しますか。」
> 母親「相談ねえ，あんまりしないかなあ。」
> 西村「お母さんは助けてくれないんですか。」
> 母親「えっ？　お母さんって？」
> 西村「お姑さんや実家のお母さんです。アンケートや先行研究だと，実母の協力があると児童虐待の可能性が低くなるんです。」
> 母親「そうなんですか。実家は遠いから母に頼ることはないですねえ。たまに主人の母が来てくれるんだけど，やっぱり孫には甘いから。」
> 西村「お父さんは協力的ですか？」
> 母親「えっ？　父は特に。」
> 西村「いえいえ，ご主人のことです。」

【問題9】
　西村くんのインタビューの問題点をできるだけたくさんあげてください。

【問題10】
　西村くんがうまくお母さんの話を聞き出す会話例を作ってください。

松島高校新聞のインタビューに答える

　大谷くんは，卒業した松島高校の新聞部からインタビューの依頼を受け，引き受けました。そのインタビューは，在校生に卒業後の進路を考えてもらうために，卒業生に卒業後の進路や近況を聞き，それを記事にするためのものだそうです。高校生の記者が，大谷くんが指定した時間に電話をかけてきて，次のように電話インタビューが始まりました。

記者「あの，この前，電話した松島高校新聞部の早川です。ええと，インタビューを始めてもいいですか。」
大谷「はい。」
記者「大谷さんは，看護学部に行ってるんですよね。」
大谷「はい。」
記者「どうして看護学部を選んだんですか。」
大谷「んー，まあ，なんかそんなのもいいかなあと思って。」
記者「男の人は少ないんじゃないですか。」
大谷「そりゃ，少ないですよ。」
記者「勉強はたいへんですか。」
大谷「んー，何と比べるかだけど，まあ，たいへんといえば，たいへんかなあ。」

【問題11】
　大谷くんの答えかたでは，新聞記事にするのがむずかしそうです。大谷くんの答えかたの問題点をあげてください。

【問題12】
　大谷くんが，新聞記事にしやすい答えかたをしたときのインタビューの例を作ってください。答える内容は，自由に変えてかまいません。

インタビューをする　63

課題1

　学園祭に新人アーティストを呼んでコンサートを開くことになりました。コンサートの途中でそのアーティストにインタビューをするとして，インタビューの会話例を作ってください。アーティストは，実在の人でも，架空の人でもかまいませんが，アーティストの個性が出るように工夫してください。

　また，そのインタビューにどのような工夫をしたかについても述べてください。

課題2

　テレビやラジオから，インタビューの例をいくつか集め，それぞれのインタビュアーが工夫をしていると思われるところを具体的にあげてください。

　また，インタビューがあまりうまくいっていないと思われるところも見つけて，それについても具体的に説明してください。

課題3

　調査のためのインタビューをするときに気をつけなければならない点をわかりやすくまとめてください。そのとき，よい例と悪い例をできるだけたくさん具体的に示してください。

　ことばの問題だけでなく，準備段階や事後処理なども含め，さまざまな観点から気をつけなければならないことをあげてください。

課題4

　実際にだれかにインタビューをしてください。それを録音し，文字にしてください。そして，インタビューで工夫した点や失敗した点についても説明してください。

　インタビューをするときは，何のためにだれにインタビューするかをはっきり決め，その目的に合うようなインタビューにしてください。

トレーニング 8
雑談をする

ウォーミングアップ

【ウォーミングアップ1】

　だれかと雑談をしていて，あまりいい気持ちがしなかった経験や，その人に悪い印象をもった経験をできるだけ具体的に述べてください。たとえば，次のような小さなことでかまいません。

> 　一対一(いったいいち)で話しているときでも，話の途中で突然，携帯電話でメールを読んだり書いたりする人がいる。嫌な気分になり，話しつづける気がしなくなる。

【ウォーミングアップ2】

　だれかと雑談をしていて，その人の話しかたがうまいと思った経験や，その人によい印象をもった経験をできるだけ具体的に述べてください。たとえば，次のような小さなことでかまいません。

> 　グループで飲みに行ったら，私以外はおたがいによく知っているメンバーだった。その人たちの内輪(うちわ)の話になったとき，メンバーの一人が私にその話を説明してくれたので，話に加わることができた。

話を聞きながらあいづちを入れる

CD-8 の音声は，次の(1)から(5)のような会話です。「ええ」とか「そうですか」のような「あいづち」の入れかたに注意して聞いてください。

> (1) アルバイト先のファミリーレストランで
> ・アルバイトの学生が店長に話しかけられている。
> ・注意して聞いてほしいのは，アルバイトの女性のあいづち。
>
> (2) 大学の先生の研究室で
> ・卒業論文を書く学生が先生から説明を受けている。
> ・注意して聞いてほしいのは，大学生の男性のあいづち。
>
> (3) 電車の中で
> ・お年寄りに席をゆずった大学生が，近くに座っていた初老の男性の乗客に話しかけられている。
> ・注意して聞いてほしいのは，大学生の女性のあいづち。
>
> (4) 安藤くんのお兄さんの結婚披露宴(ひろうえん)で
> ・安藤くんが兄の結婚相手の親類に話しかけられている。
> ・注意して聞いてほしいのは，安藤くんのあいづち。
>
> (5) 就職前に試しに働くインターンを受け入れている会社で
> ・インターンの大学生が30代の会社員に話しかけられている。
> ・注意して聞いてほしいのは，インターンの男性のあいづち。

【問題1】
それぞれの会話に出てくるあいづちで，よい感じがするものと，よい感じがしないものをあげてください。どうしてそう感じるのかも述べてください。

【問題2】
不適当なあいづちについては，どう変えればよいか述べてください。

沖縄旅行について雑談をする

大学のカフェテリアで、ななさんと結花(ゆか)さんとマリさんが、結花さんの沖縄旅行について、次のような雑談をしています。

> なな「結花ちゃん、先週、授業、来てた？」
> 結花「ううん。なんか急に沖縄行くことんなって。代理店に行ってる子が……」
> マリ「ああ、売れ残りのチケット？　あたしも去年、香港で３９８(さんきゅっぱ)ってのに行ったら、ホテルがぼろくて、もう最悪！」
> なな「結花ちゃんのは？」
> 結花「ホテルは、モトブ・ヴィラっていうとこで……」
> マリ「あの、水族館の近くの？　あそこ不便だけど、できたばっかりだから、いいと思うよ。何(なん)て言ったっけ？　あの水族館。」
> 結花「美ら海(ちゅらうみ)水族館？　行った、行った。ちょっと遅かったんだけど……」
> マリ「あそこ広いから、早く行かなきゃダメだって。行く前にエサやりの時間とかチェックしとかないと。」
> なな「魚にエサやるの？　見た？　結花ちゃん。」
> マリ「でも、ラッコが貝、割って食べるののほうがおもしろいよ。」

【問題３】
　結花さんは、ななさんとマリさんのことばに、それぞれどんな感じをもったと思いますか。また、それはどうしてだと思いますか。

【問題４】
　結花さんが気分を悪くしないような３人の会話例を作ってください。自分の方言の会話例でかまいません。なるべく長い会話にしてください。

新しくできたパスタ屋さんについて雑談をする

　授業を受ける教室に早めに行った藤井さんと松井さんと上田くんが，新しくできたパスタ屋さんについて，次のような雑談をしています。

藤井「ねえ，駅前にできたフェリーチェ，行ってみた？」
松井「あの，チラシ配ってたやつ？　まだ。もう行った？」
藤井「うん，めちゃおいしかったよ。」
上田「そりゃ，今どき，イタリアンでまずい店ってないやろ。」
松井「今，半額ちゃうの？」
藤井「うん。人いっぱいで，30分も待たされたわ。」
上田「暇人（ひまじん）やなあ。半額なっても，得するの，どうせ300円か400円ちゃうん？」
藤井「2人で3000円ほど食べたもん。それで1500円やから。」
上田「それって，店の思うつぼや。女は目先のことしか考えへんからな。」
藤井「あのへん，いい店なかったから，行ってやらんとなあ。」
松井「つぶれたら，嫌（いや）やもんな。」
上田「前のうどん屋もすぐつぶれたし，あっこの店，ぜったいつぶれんねん。たたりでもあるんちゃうかなあ。」

【問題5】
　藤井さんは，松井さんと上田くんのことばに，それぞれどんな感じをもったと思いますか。また，それはどうしてだと思いますか。

【問題6】
　藤井さんが気分を悪くしないような3人の会話例を作ってください。自分の方言の会話例でかまいません。なるべく長い会話にしてください。

控室でいっしょになった初対面の人と雑談をする

　松岡くんは，心理学を専攻している友だちに，心理学の実験に協力してくれるように頼まれました。3時半に協力者の控室（ひかえしつ）に来るように言われたので，そこに行くと，同じくらいの年齢の，知らない女性がいました。前の実験が長引いて，その人も待たされているようです。

　松岡くんは，控室に入ってから，その女性と次のような会話をしました。

> 松岡「あの，実験に来たんですけど。」
> 女性「あ，はい。」
> 松岡「ええと，ここで待つんですか？」
> 女性「あ，そうだと思います。」

【問題7】

　控室は，右の図のように，真ん中にテーブルがあり，いすが8つ置いてあります。先に来ていた女性は，黒丸の椅子に座っていました。松岡くんは①から⑦までのどのいすに座るのがいいと思いますか。それはどうしてですか。

【問題8】

　先に来ていた女性は何もしないで，ただ待っているだけのようだったので，黙っていると，気まずい感じになりそうでした。このとき，松岡くんが話す話題としてどんなものが考えられますか。できるだけたくさんあげてください。

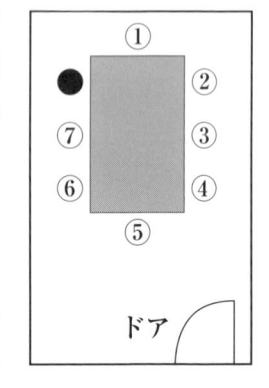

【問題9】

　松岡くんがこの女性とうまく話す会話例を作ってください。なるべく長い会話にしてください。

新入生歓迎会で新入生と雑談をする

　高山くんの大学では，毎年，入学式の1週間ほどあとに，学科ごとに上級生が新入生歓迎会を開いています。夕方から会議室を借りて，軽食と飲み物を用意し，立食形式でいろいろな人と話ができる会にしています。

　高山くんは，今年，新入生歓迎委員になり，歓迎会に出ることになりました。会に出る前に，新入生歓迎委員長から，上級生はできるだけたくさんの新入生と楽しく話をするように言われました。

　次の会話は，高山くんが新入生の一人と話したときのものです。

> 高　山「ええと，高校はどこ？」
> 新入生「東山高校ですけど。」
> 高　山「ああ。どうしてここに来たの？」
> 新入生「まあ，なんとなく。」
> 高　山「じゃあ，来てみて，どう？」
> 新入生「まあ，いいんじゃないですか。」
> 高　山「ええ？　どういうこと？」

【問題10】
　高山くんは，新入生と話しても，話がはずまないようです。どうしてだと思いますか。

【問題11】
　新入生歓迎会で上級生が新入生と話す話題として，どのようなものが考えられますか。できるだけたくさんあげてください。

【問題12】
　高山くんが新入生とうまく話す会話例を作ってください。なるべく長い会話にしてください。

インタビュー調査の相手と調査の前に雑談をする

　水野さんが属している大学のゼミでは，各地の70歳以上の人に，若いときにしていた仕事についてインタビュー調査をすることになりました。水野さんは，夏休みに実家に帰ったとき，知り合いに紹介してもらった80歳ぐらいの男性にインタビュー調査をすることにしました。ゼミの先生からは，話しやすい雰囲気を作るために，調査の前に雑談をするのもよいと言われています。次の会話は，水野さんがその男性と話したときのものです。

> 水野「こんにちは。おじいちゃんの若いときの仕事について調査するために，川崎学園大学から来ました。えっと，最初に，ちょっと雑談をしたいんですが，趣味はなんかありますか?」
> 男性「いやあ，趣味なんて，ないよ。孫が小さいときは，いっしょに遊んだもんだけど，もう大きいから，うちに来ることもないしね。うーん，庭木は，ぜんぶおれが手入れしてるんだけど，けっこうむずかしいもんだよ。趣味とは言えないけどね。」

【問題13】
　水野さんの話は，話しやすい雰囲気を作ることになっていないようです。水野さんの話には，どのような問題点がありますか。

【問題14】
　この男性は，あまり話すのが得意ではないようで，途切れ途切れに話をしています。話が盛り上がるように，男性の話の途中で水野さんが質問を入れるとすると，どこでどんなことを言えばよいでしょうか。

【問題15】
　水野さんがこの男性とうまく話す会話例を作ってください。なるべく長い会話にしてください。

課題 1

　だれかと雑談をしていて，気持ちよく思ったことや，嫌な気持ちになったことをいくつかとりあげ，それぞれについてできるだけ具体的に説明してください。

課題 2

　大学のゼミ旅行で，長距離バスに乗ることになったとします。座席をくじ引きで決めると，隣の席が大学院生になりました。その人は，今まで会ったことがない人で，ゼミ旅行のお手伝いでついてきているようです。その大学院生と長い時間ずっと隣どうしになるので，なにか話したほうがいいと思います。
　その大学院生との会話例を，話すとおりに書いてください。そして，その会話にどのような工夫をしたかについても述べてください。

課題 3

　だれかと雑談しているときに気をつけなければならない点をわかりやすくまとめてください。そのとき，よい例と悪い例をできるだけたくさん具体的に示してください。
　知らない人とはじめて雑談をする場合，知っている人と雑談をする場合などにわけてまとめられたら，そうしてください。

課題 4

　実際の会話やテレビ，ラジオなどから，雑談しているところを録音して，印象のよい話しかたの例と印象の悪い話しかたの例を集めてください。そして，どういう話しかたが印象がよく，どういう話しかたが印象が悪いかを，録音したものの中から具体例をあげて，まとめてください。

トレーニング 9
スピーチをする

ウォーミングアップ

【ウォーミングアップ1】
　学校行事などで先生や来賓（らいひん）の話を聞いて，おもしろいと思った経験や，おもしろくないと思った経験をできるだけ具体的に述べてください。たとえば，次のような小さなことでかまいません。

> 　高校の卒業式に来ていた来賓は，自分が高校を卒業したころのことを話した。身近な話をしようと思ったのだろうが，何十年も前の話で，まったく身近に感じなかったし，自慢話のように聞こえた。

【ウォーミングアップ2】
　人前でスピーチや少しあらたまった形であいさつをして，うまく話ができた経験や，うまく話ができなかった経験をできるだけ具体的に述べてください。たとえば，次のような小さなことでかまいません。

> 　大学に入学してすぐ開かれた新入生歓迎会で，自己紹介をするように言われた。名前が「青木」で，アイウエオ順で最初に当たったため，考える余裕がなく，名前と出身高校以外，何も言えなかった。

スピーチをする

高校の演劇部の公演後に先輩としてコメントをする

　町田くんは3年前に卒業した高校の文化祭に行き、演劇部によるミュージカル公演を見ました。町田くんは高校のとき演劇部に所属していたので、公演のあとの反省会でコメントを求められ、次のように話しました。

> 　えー、公演を見たけどー、話はオリジナルのストーリーでおもしろかったけど、歌はイマイチで、舞台の仕掛けはおもしろかったけど。あれはだいぶお金かかった？　おれらが現役のころは、劇だけじゃなくて、パンフレット作ったり、客を楽しませようとしたけど、もちろん、客は、劇を見にくるわけで、パンフレットもらいにくるわけじゃないから、いいんだけどー、もうちょっと、サービスっていうか、なんかあったほうがおもしろい気もするし、もうちょっと練習したほうがいいんじゃないかなあ、全体的に。発声はあんまり問題なかったけど。あと、衣装も見ててわりとよかったけど。やっぱ、コーラスはむずかしいなあ。ダンスはまあまあかな。表情の作りかたとか。それとー、おれが現役のころは、練習も夜中までやったし、絵がうまいやつがいて、それで、パンフレットとかも、そいつが作ってて、けっこう、うけてたりとか。まあ、もうちょっと練習したほうがいいかなあ。せりふとか、ちゃんとできてる？　踊りが問題なかったってことは、たぶん運動神経はいいんだろうけど。とりあえず、そんなとこです。

【問題1】
　町田くんのコメントを聞いて、演劇部の後輩たちはどう思うでしょうか。

【問題2】
　後輩たちの気持ちを考えて、町田くんが話すコメント例を作ってください。

学園祭のコンサートで曲と曲の間に話をする

　寺田くんは友だちとバンドを組んでいて，学園祭のジョイントコンサートに出演しました。このコンサートには近くの大学のバンドも出演していて，観客の中にも，近くの大学の学生がたくさん混じっています。そのコンサートで，寺田くんは曲と曲の間に次のような話をしました。

　えー，というわけで，今の曲は，まあ，おれが作った中では，まあ，いちばんへろい曲です。

　ところで，スウェーデンのバンブーっていうグループ，知ってるかなあ？　知らないだろうなあ，ぜったい。まだ，知る人ぞ知るって感じで，ちょっと東洋っぽいテイストで，これから大ブレイクするって，スリーパーって呼んでる人もいるんだけど。あいつらがブレイクしたら，おれらもブレイクするってことになってるんだけどね。おれらはあいつらの曲をちょっとぺちってっていうか，ヒントにして，曲，作ってるから。でも，こいつのレポートみたいに，人のを丸写しなんかにはしてないですよ。こいつは，経済学だったっけ，鬼の岩下のレポート，丸写しして，単位，ぜんぶパーにしたんだったよね。あっ，これ言っちゃ，まずかった？

　で，まあ，次の曲なんだけど，ベースラインがやたらむずかしくて，ベースがとちるかもしれないんで，まあ，聞いてやってください。じゃ，行きまーす。ベース，とちるなよ。

【問題3】
　寺田くんの話の問題点をできるだけたくさんあげてください。

【問題4】
　寺田くんの話の例を作ってください。内容は自由に変えてかまいません。

奨学生の成人パーティーでスピーチをする

林くんは，大学1年のときから，上野財団奨学会の奨学生として奨学金をもらっています。20歳になった年の7月に，上野財団奨学会福島支部の成人パーティーがあり，成人した奨学生6人が，奨学会関係者や奨学生など50人ぐらいの前で，順にスピーチをすることになりました。落語が得意で，人前で話すことに慣れている林くんは，次のようなスピーチをしました。

えー，こんちはー。成人しちゃいましたねえ。さっき偉いおじさんも言ってたけど，これでやっと晴れてパチンコも酒もたばこも吸えます。でも，これがいいことばっかりかってえと，そうでもない。まず，悪いことすると，新聞に名前が載っかっちゃう。去年までは「少年A」だったのに，今年からは「林 拓海」って出るんですよ。こんなことなら，もうちょっと悪いことしときゃよかったね。それから選挙。だれに入れたって，たいして変わんないのにねえ。あと，忘れちゃいけない，お年玉。去年まではもらうほうだったのに，兄貴んとこのガキなんかが来た日にゃ，こっちからやらなくちゃいけない。まだ学生だってのにね。困ったもんだ。ま，なんだかんだ言っても，きょうはぼくらのために式をしてくれて，うれしがらなきゃいけないですね。というわけで，皆さん，きょう聞いたありがたい話を忘れずに，がんばるとしますか。はい，「落ち」はありませんが，それじゃ，次の人，どうぞ。

【問題5】

林くんのスピーチの問題点をできるだけたくさんあげてください。

【問題6】

林くんのスピーチ例を作ってください。内容は自由に変えてかまいません。

大学の卒業記念パーティーで卒業生としてスピーチをする

　南九州国際大学情報デザイン学科では、3月に22人が卒業することになり、学科の先生や後輩が集まって、卒業記念パーティーをしました。そのパーティーの途中で、卒業生全員が一言ずつスピーチをすることになり、李さんは次のように話しました。

　情報デザイン学科4年の李です。

　私はもともと文科系だったので、プログラミングとか、チョー苦手だったし、先輩とかも、なんかこわくて、あんまりいろいろ聞けませんでした。それから、課題もほんとにたくさんあって、徹夜したこともあったし、やっと卒業できるので、うれしいです。

　でも、部活のほうでは、インカレの2部で、フリーで入賞することができました。高校のときは、バスケをやってて、チームもあんまり強くなかったんですけど、個人競技は、大学ではじめてで、試合のときとかすごく緊張して。でも、楽しいでした。

　でも、まだ就職が決まってなくて、高校のとき、先生から情報に行ったら就職できるって言われて、情報に来たんですが、就職がなくて、なんかちょっとだまされた感じです。

　皆さんもお元気で。

【問題7】

　このスピーチを聞いて先生やほかの学生たちはどう思うかを考えて、李さんのスピーチの問題点を述べてください。

【問題8】

　李さんのスピーチ例を作ってください。スピーチに必要な情報は、適当に補ってかまいません。

就職した会社の歓迎会で自己紹介をする

　野村くんと島田さんは，機械部品製造会社の新入社員です。入社して1週間ほどたったころ，2人が配属された総務部の人たち20人ぐらいが歓迎会を開いてくれました。野村くんと島田さんはその席でそれぞれ次のような自己紹介をしました。　CD-9　の音声は，そのときのものです。

> 　あ，え，あのー，自分は野村，野村雄治です。え，えっとー，大学，大学は松学，松本学院大学で，あのー，でー，えっと，サークルは陶芸部でし，そう，陶芸部でした。あ，けど，あの，ウェイトトレーニングとかもやっていたり。えっと，あのー，よろしくお願いします。えー，あ，専門は，あの，卒論は，経営，経営関係，でした。

> 　私はー，太田という所から来ました。趣味はー，特にないんですがー，寝てるときがいちばん幸せでーす。大学のときはー，カヌーをやってました。小さいときから，「まーや」って呼ばれてまーす。なんか聞きたいこと，ありますか。ありませんか。なかったら，終わりでーす。

【問題9】
　野村くんと島田さんの自己紹介のそれぞれよい点と悪い点をあげてください。

【問題10】
　野村くんと島田さんの自己紹介を作り直してください。自己紹介に必要な情報は適当に補ってかまいません。

結婚披露宴で友人代表としてスピーチをする

高橋くんの友だちの安藤くんが，大学を出てすぐに結婚することになりました。結婚披露宴は，安藤くんと奥さんの親類や職場の上司，安藤くんのお父さんの会社の取引先の人たちなど，100人以上が集まって，ホテルの宴会場で開かれました。高橋くんは，友人代表として，次のようなお祝いのスピーチをしました。

　そしたら，スピーチをさしてもらいます。ぼくは，安藤とは，中学から同級生なんですけど，安藤はぼくより勉強もできるし，スポーツもできるんで，いつも劣等感でした。それで，安藤はもてるから，女の子ともよくつきあってたし，一回は，大学のとき，2人の女の子といっしょにつきあってて，デートの約束を同じ日にしてしまって，相談に乗ってくれって言われて，ぼくが代わりに行ったこともあります。結局，その子は安藤と別れて，今，ぼくとつきあってるんですけど。
　あと，安藤は意外と料理が得意で，キャベツ切ったりするのはプロ顔負けやし，自分で冷凍食品作って，お金のない日に元に戻して食べたりもしてます。ぼくもわけてもらったことがありますけど，あんなに料理がうまかったら結婚せんでもいいのにと思います。
　最後に，安藤はいびきがすごいので，奥さん，寝るとき，気をつけてください。じゃあ，安藤，まあ，がんばってや。

【問題11】
　高橋くんのスピーチの問題点をできるだけたくさんあげてください。

【問題12】
　高橋くんのスピーチ例を作ってください。内容は変えてかまいません。

[課題1]

　大学に入学して、これまで専門的にやったことのないスポーツのサークルや部活に入ったとして、そのサークルや部活の新入生歓迎会でする自己紹介の例を作ってください。たとえば、中学と高校ではテニス部だったが、大学で空手部(からて)に入ったというような場合です。

　そして、その自己紹介にどんな工夫をしたかについても述べてください。

[課題2]

　身体障害者を支援するボランティア活動グループのリーダーをしているとします。そのグループで身体障害者の人たちを野外活動に連れていった日の最後に、グループのメンバーにたいしてあいさつをする原稿を書いてください。そして、そのあいさつにどんな工夫をしたかについても述べてください。

[課題3]

　歓迎会や送別会、披露宴などでスピーチやあいさつを聞いたとき、話がうまいと思うのはどのようなときですか。それはどうしてですか。また、話がへただと思うのはどのようなときですか。それはどうしてですか。そのときの状況や場面を思い出して、それぞれの例を具体的に書いてください。

[課題4]

　スピーチをするときに気をつけなければならない点をわかりやすくまとめてください。そのとき、よい例と悪い例をできるだけたくさん具体的に示してください。話の内容以外のことを含めてもかまいません。

　本やインターネットのホームページをいくつか見て、それを参考にしてもかまいません。ただし、参考にしたときは、どの本やホームページのどの部分をどのように参考にしたのかを明示してください。

トレーニング 10
会議で発言する

ウォーミングアップ

【ウォーミングアップ１】
　なにかを決める会議をしていて，だれかの発言にいい気持ちがしなかった経験や，その発言者に悪い印象をもった経験をできるだけ具体的に述べてください。たとえば，次のような小さなことでかまいません。

> 　高校のときの部活でなにかを決めるとき，だれかが意見を言うと，すぐ「それでいいんじゃない」と言う人がいて，違う意見を出しにくい雰囲気になるので，嫌だった。

【ウォーミングアップ２】
　なにかを決める会議をしていて，だれかの発言にありがたいと思った経験や，その発言者によい印象をもった経験をできるだけ具体的に述べてください。たとえば，次のような小さなことでかまいません。

> 　大学１年生のとき，サークルの会議で，議長の先輩が１年生一人ひとりの名前を言って，「〜さん，なにか意見，ありませんか？」などと聞いてくれたので，意見を出しやすかった。

温泉研究会の会議でサークル連絡協議会の報告をする

　山口くんは，高島学園大学の温泉研究会の会議で，次のようにサークル連絡協議会の報告をしました。サークル連絡協議会には，いつもは総務委員の木村さんが出るのですが，今回は都合が悪く，代わりに山口くんが出ました。
　CD-10 の音声は，そのときの発言です。メモをとらないで聞いてください。

> 山口「えっと，この前，協議会に出たんですが，あの，はじめてだったんでよくわからなかったんだけど，えっと，はじめての人がけっこういたんで，はじめに自己紹介をして，それから，新しいサークルの承認とかがあって，それから，新サークル棟の話は，えっと，古いサークルが新しい所に移って，それから，新しいサークルがあいた所に入るっていう案もあったんだけど，これ，どう思います？」
> 木村「うちは，新しいほうだから，新しい所に入れないってこと？」
> 山口「あ，そうそう。ぼくもそう思ったんで，それを言おうと思ったら，ほかからも同じ意見が出て，結局，抽選で決めることになったんだけど，古い棟のほうが部屋が広いんで，そっちがいいところもあるかもしれないから，えっと，希望をとってから決めることになったんで。どうしたらいいかなあ。あ，それと，最近，軽音とかの音がうるさいから，それを協議会で言おうと思ってたんだけど，忘れちゃって。どうしますか。」

【問題1】
　山口くんの報告の問題点をできるだけたくさんあげてください。

【問題2】
　山口くんの発言例を作ってください。ほかの人の発言も入れてください。

クラス会で学園祭の企画を提案する

広岡さんは，長野学院大学の2年生です。大学のクラス会で，学園祭の企画をどうするかという話になったので，次のような提案をしました。

> 議長「今年の学園祭で，クラスとしてなにかするかどうかだけど，なにか意見，ありませんか。去年は焼きそばだったけど，あれ，黒字だったんだっけ？」
> 広岡「また焼きそばでもいいんじゃないの？　慣れてるから。でも，焼きそばは多いからさ，あんまりもうからないかもしんないから，ほんとは，ほかがしないことのほうがいいんだけどさ，エスニックとかいいと思うんだけど，無理だよね。」
> 議長「沢田，そんな店でバイトしてなかったっけ？」
> 沢田「でも，作ったこと，ないよー。」
> 広岡「食べ物屋はけっこう競争，激しいから，やめたほうがいいかなあ。クイズとかさ，賞品，100均で買えば，けっこうもうるんじゃないかなあ。なんか「『坊っちゃん』の作者は？」みたいんじゃなくてさ，バラエティみたいな，ダウンタウンがやってるみたいなやつ。サークルでやる人も多いから，今年はやんなくてもいいかもしんないけどさ。」

【問題3】
広岡さんの発言には，どんな問題点がありますか。どのように話したら，よかったと思いますか。

【問題4】
広岡さんの発言例を作ってください。必要に応じて，ほかの人の発言も入れてください。発言の内容は，自由に変えてもかまいません。

拡大就職委員会で就職セミナーについて賛成意見を述べる

　黒木くんの大学では，学生への就職支援について学生の意見を聞くため，1年に2回，拡大就職委員会が開かれます。その委員会には，就職委員の先生が数人と，各学科代表の学生が出席します。

　黒木くんは，その委員会に出て，就職セミナーについて谷村さんという学生が出した意見に，次のように賛成意見を述べました。

> 谷　村「去年のセミナーは，就職情報の会社ていうか，そんな人の話と，内定が決まった4年生の座談会とかだったと思うんですけど，もっと個別にゆっくり話を聞けたらいいと思うんで，もう就職してる先輩にたくさん来てもらって，業界別に話を聞けるようにしてもらうのがいいんじゃないかと思います。」
>
> 委員長「なるほどね。そうですねえ。今のことでも，ほかのことでも，ほかになにかありませんか。」
>
> 黒　木「さっきから言おうと思ってたんだけど，先に言われたんですけど，去年のセミナーは出てないんだけど，イマイチだったっぽいから，やっぱ，いろんな業界の人の話，聞けたら，なんかおもしろいかもしれないなあって思うんです。」

【問題5】
　黒木くんの発言は，谷村さんの意見に賛成する発言として，どのような問題点がありますか。どのように話したら，よかったと思いますか。

【問題6】
　黒木くんの発言例を作ってください。必要に応じて，ほかの人の発言も入れてください。発言の内容は，自由に考えてください。

卒業記念実行委員会で卒業パーティーの提案に反対意見を述べる

　星岡学院短大では，毎年，2年生の各ゼミから1人ずつ代表が出て，卒業記念実行委員会を開き，そこで卒業パーティーの企画を決めています。次に示すのは，その委員会でのやりとりです。

坂口「パーティーは，卒業式のすぐあとにしたら，みんな出やすいと思うんですけど。」

佐野「それ，ぜったい無理。どこで着替えるの？　みんなそこまで考えないで言うんだから。今まで別の日にしてたの，そこまで考えてたんだと思うよ。」

加藤「卒業式のすぐあとじゃなくて，その日の晩にしたら，着替えもできるし，いいんじゃないですか。ビスタ・ホテルだったら，行きやすいし。」

佐野「無理，無理，ビスタなんか。あそこ，レベル，下がったって，みんな言ってんだから。プラトンだったら，まあ，いけるけど。」

加藤「プラトンは人気あるから，今からじゃ，予約，とれないんじゃないかなあ。」

佐野「そんなの，聞いてみなくちゃ，わかんないよ。悪いほうにばっか考えるんだから。ちょっとだれか電話してみたら。」

【問題7】
　佐野さんの発言には，どのような問題点がありますか。どのように話したら，よかったと思いますか。

【問題8】
　佐野さんの発言例を作ってください。ほかの人の発言も入れてください。

自治会青少年部会で子ども向け年末行事についての意見を整理する

　花田さんの住んでいる町の自治会には青少年部会があり，花田さんは，今年，その部会長をしています。8月の会議では，子ども向けの年末行事が議題になり，次のようないろいろな意見が出ました。

　花田さんは，議長として，これらの意見を整理し，これからの議論の進めかたを述べなければなりません。最終決定は，次の会議でも間に合います。

- 大きなクリスマスツリーを公園に作ったらどうかな。
- 公園に勝手に作っていいの？　費用がかかりすぎない？
- ツリー作りには，子どもはあんまり参加できないんじゃない？
- もちつき大会はどうかな？
- もちつきの道具はどうするの？
- レンタルできるよ。みんな喜びそう。
- スキー・スノボ旅行に連れて行ったら？
- それは，たいへんだよ。なにかあったら，責任，とれないよ。
- 年末はみんな忙しいし，だれが連れていくの？
- 年があけてから，ゲームをたくさん用意して新年会をしたら？
- 今までいつも年末になにかしていたけど，そのほうがいいかも。

【問題9】

　花田さんは，この会議で何を決めたらよいと思いますか。また，次の会議までにだれに何をしてきてもらったらよいと思いますか。

【問題10】

　花田さんの議長としての発言例を作ってください。今までに出た意見をうまく整理し，案を2つに絞り，次の会議までにしておかなければならないことを指示してください。発言例には，ほかの人の発言も入れてください。

神山の自然を守る会で市民祭りの企画を決定する

　森山市には，神山という自然が残っている山があります。その保護活動をするために，「神山の自然を守る会」という，学生中心の団体があり，1年に数回，会議を開いて，活動方針などを決めています。

　今月の会議では，森山市民祭りにどんな企画で参加するかが議題になり，次のようないろいろな意見が出ました。参加申し込みまで時間がないので，議長の北村さんは，今月の会議ですぐに企画を決定しなければなりません。

- 神山の写真展をしたらどうだろうか？
- 地味じゃない？　みんな見に来るかなあ？
- 今から四季の写真はとれないよ。だれか写真，持ってる？
- 講演会は？
- よっぽど有名な人を呼ばないと。でも，お金，かかるよ。
- 有料の講演会だと，人，来ないんじゃないかなあ。
- だれでも参加できる神山のハイキングはどう？
- 普通の人が行かない所に連れていくハイキングもいいかも。
- 準備の時間がないから，今年は参加を見送る手もあるよ。
- せっかくの機会だから市民祭りに参加して，アピールしようよ。

【問題11】

　北村さんは，これらの意見をどのように整理し，どんな順序で，また，どんな方法で，市民祭りの企画を決定したらよいと思いますか。

【問題12】

　北村さんの議長としての発言例を作ってください。多くの人が納得するように話をうまく進め，企画を決定してください。発言例には，ほかの人の発言も入れてください。

課題 1

　会議をしていて，気持ちよく思ったことや，嫌な気持ちになったことをいくつかとりあげ，それぞれについてできるだけ具体的に説明してください。

課題 2

　毎月の会費が千円のサークルで，会計の担当者から，毎月お金を集めるのはたいへんだから，年会費として1年に1回集めることにしたいという声があがり，サークルの総会でそれを決めることになりました。
　その会議がうまくいった例か，うまくいかなかった例を作ってください。その議題に入るところから，一人ひとりの発言を書いてください。どんなサークルかなどの状況設定は自由に行ってかまいません。
　そして，うまくいった例では何がよかったか，うまくいかなかった例では何が悪かったかについても説明してください。

課題 3

　会議の議長をするときに気をつけなければならない点をわかりやすくまとめてください。そのとき，よい例と悪い例をできるだけたくさん具体的に示してください。

課題 4

　なにかを決める会議とディベートの違いをできるだけたくさん具体的にあげてください。そして，ディベートの訓練が会議をするときに役に立つかどうかを述べてください。どんな点が役に立ち，どんな点が役に立たなかったり，害があったりするかを，できるだけ具体的に述べてください。
　ディベートとは，「死刑は廃止すべきだ」のようなテーマについて，自分の意見とは関係なく，肯定側と否定側にわかれ，ルールに従って議論し，勝敗を決めるゲームです。詳しいことは本やインターネットで調べてください。

トレーニング 11
手順を説明する

ウォーミングアップ

【ウォーミングアップ1】

今まで手順を説明するのを聞いて，わかりやすいと思ったことや，わかりにくいと思ったことをできるだけ具体的に述べてください。たとえば，次のような小さなことでかまいません。

> はじめてパソコンを買ったとき，パソコンに詳しい人に操作を教えてもらった。ところが，いきなり「ダブルクリック」「ドラッグ」「コピー・アンド・ペースト」などと言われ，わからなかった。

【ウォーミングアップ2】

手順を説明するときに，うまく説明できたと思った経験や，あまりうまく説明できなかったと思った経験をできるだけ具体的に述べてください。たとえば，次のような小さなことでかまいません。

> 友だちにうどんの作りかたを教えたとき，材料を準備する前にお湯を沸かしておくというように，実際に料理するときの時間が短くなるように説明したら，説明がうまいと感謝された。

出かける前に弟に家の用事を頼む

　休みの日に亜希さんが家で家事をしていると，一人暮らしの親友から電話がかかってきました。交通事故で足を骨折して入院することになったので，いろいろ手伝ってほしいということです。亜希さんが急いで出かけようとしているところに，弟の健太くんが帰ってきて，次のような会話になりました。CD-11 の音声は，そのときのものです。

> 亜希「あ，健太。ちょうど，ええわ。あたし，今から出かけるから，家の用事，頼むわ。」
> 健太「何，家の用事って？」
> 亜希「晩ご飯の準備，帰ったらやるから。あ，でも，ご飯だけやっといて。それから，お父さんの宅配の荷物。電話あって，きょう遅いらしいから，お母さんにそう言うといてな。すぐ帰って来ると思うから。で，んとー，植木に水やっといて。今やなくて，あとやで。覚えてたらでええからな。あと，クリーニング屋さんが来るから，出しといて。ついでに，ごみ，たまってるから，掃除機の掃除も頼むわ。あんた，どうせ暇やろ。」
> ［急いで出て行く］
> 健太「あ，ちょ，待ってや。おれも，また出かけるのになあ」。

【問題1】

　亜希さんの頼みかたにはどんな問題点がありますか。できるだけたくさんあげてください。

【問題2】

　亜希さんが健太くんに家の用事を頼む会話例を作ってください。自分の方言の会話例でかまいません。必要な情報は適当に補ってかまいません。

友だちにスパゲティ・カルボナーラの作りかたを説明する

　山岡くんは，一人暮らしを始めた友だちに簡単な料理の作りかたを聞かれたので，スパゲティ・カルボナーラの作りかたを次のように説明しました。

> 山　岡「カルボナーラなら，簡単だよ。お湯入れて，塩入れて，麺入れて，時間がきて，アルデンテになったら上げる。あとは，ベーコン入れたクリームソースにからめて，終わり。」
> 友だち「何，そのアデルンっていうの？」
> 山　岡「アルデンテ。スパゲティがいちばんおいしい状態のこと。」
> 友だち「ふーん。でも，それって，どうやったらわかるの？」
> 山　岡「適当だよ。ときどき食べてみたりして。」
> 友だち「あ，そう。じゃあ，クリームソースは？」
> 山　岡「卵と生クリームとチーズとこしょうを混ぜたらいいんだよ。食べたことあるよね。」
> 友だち「そうかあ。ま，とにかくやってみるよ。」

　何日かたってから，山岡くんは，その友だちから，スパゲティ・カルボナーラをうまく作れなかったと言われました。

【問題3】

　山岡くんの説明には，スパゲティ・カルボナーラの作りかたについて足りない情報があります。どんな情報が足りないでしょうか。できるだけたくさんあげてください。

【問題4】

　山岡くんが友だちにスパゲティ・カルボナーラの作りかたを説明する例を作ってください。足りない情報は，想像で適当に補ってかまいません。

手順を説明する

大学生と小学生に公園の掃除の手順を説明する

　内藤くんはボランティアグループに入って，地域の子ども会の面倒を見ています。日曜日にそのボランティアグループで公園の掃除をすることになり，内藤くんはボランティアの大学生と地域の小学生に，次のように掃除の手順を説明しています。

　えー，じゃあ，これからのやりかたですが，まず，掃除（そうじ）するのは，この公園の中，ぜんぶです。えー，落ち葉は拾わなくてもかまいません。紙くずとか吸殻（すいがら）を拾ってください。えー，ごみ箱にたまっているごみは，そのままにしておいてかまいませんが，拾ったごみはごみ箱に入れないでください。ビニール袋は1人1枚ずつあります。小学生のみんなは，ごみとたばこを拾ってください。大学生は透明のビニール袋を渡しますので，空き缶を拾ってください。ほうきは一部の班しか使わないので，あとで取りに来てください。えー，大学生1人に小学生が3人か4人ついてください。それから，道路にこびりついたガムの食べかすを取るへらは，ぼくが持ってるので，要るときに取りに来てください。

　わかりましたか？　それじゃあ，班にわかれて掃除を始めてください。

【問題5】

　内藤くんの説明のわかりにくい点や不親切な点をできるだけたくさんあげてください。

【問題6】

　内藤くんの説明をわかりやすく作り直してください。必要な情報は適当に補ってかまいません。

アルバイトの新人に皿洗いの手順を教える

　西川くんはレストランでキッチンスタッフとしてアルバイトをしていましたが，就職活動で忙しくなってきたため，来月でそのアルバイトをやめる予定です。最後の１週間でアルバイトの新人に自分のやっていた仕事を覚えてもらうために，キッチンの中で次のような説明をしています。

西川「ええと，ここの仕事は，お皿を並べるのと，お皿を洗うこと。
　　　じゃあ，とりあえず，お皿の洗いかたから説明しとくから。
　　　まず，手を洗う。」

新人「はい。」［キッチンの水道で手を洗おうとする］

西川「あ，だめだめ。キッチンに入る前に，かならず入り口の横の
　　　水道で洗うこと。」

新人「あ，そうなんですか。」［一度キッチンを出て，出入り口の外
　　　にある水道で手を洗って戻ってくる］

西川「せっけん，使った？」

新人「え，一応。」

西川「一応じゃなくて，しっかり洗わないとだめだよ。ま，きょう
　　　はいいか。次，お皿の洗いかた。言うとおりにやってみて。
　　　お皿は，そこのカウンターに返ってくるから，まず，ふく。」

新人「はい。」［首をかしげながら，前にかかっている白い布に手を
　　　伸ばす］

西川［腕組みしながら］「違う，違う。それは，水洗いしたあとのや
　　　つ。こっちにあるペーパータオル，使って。」

新人「これですか。」［ペーパータオルを取って，ライスのお皿をふ
　　　こうとする］

手順を説明する　93

> 西川「ライスは油がついてないから、ふかなくていいよ。ほら、これみたいに、ハンバーグとかのソースがついてるのだけふくの。」
> 新人「あ、そうですか。」［ペーパータオルでハンバーグの皿をふいて、ペーパータオルを近くのポリバケツに入れようとする］
> 西川「あ、それは生ごみ用。ペーパータオルはこっち。」
> 新人「は、はい。」［ペーパータオルを捨てたあと、ハンバーグの皿を持っている］
> 西川「ぼうっとしてないで、お皿をこっちのお湯につけて。」
> 新人「あ、ここですか。」
> 西川「そう。で、そこにつけたあとに、スポンジで洗う。」
> 新人「これですね。」［目の前にあるスポンジを取り、お湯の中でハンバーグの皿を洗おうとする］
> 西川「違うって。その中で洗うんじゃなくて、こっちのシンクで。」
> 新人「はあ。」［ハンバーグの皿を引き上げる］
> 西川「ほんとは、お湯からそんなに早く出しちゃだめなんだけどなあ。今は、練習だからいいか。それと洗剤つけてね。」
> 新人「はあ。」
> 西川「大丈夫かなあ。」

【問題7】
　西川くんの説明は効率的ではなく、新人にたいして不親切だと思われます。西川くんの説明の問題点をできるだけたくさんあげてください。

【問題8】
　西川くんが新人にわかりやすく皿洗いの手順を教える説明の例を作ってください。

学習塾で高校生に英和辞典の使いかたを説明する

川村さんは，学習塾で高校1年生に英語を教えています。ある日，生徒たちが英和辞典の使いかたに慣れていないと思い，次のような説明をしました。

> 川村「まず，どんな単語でもいいから，引いてみて。」
> ［しばらくして］
> 川村「単語，引けましたか。そしたら，その単語の読みかた，わかるかな。見出し語のすぐ横に書いてあるんだけど。」
> 生徒「見出し語って，何ですか。」
> 川村「今，引いた単語のこと。横に読みかたがあるでしょ。」
> 生徒「シュニエイって書いてます。」
> 川村「シュニエイ？　何，それ？　ちょっと見せて。ああ，［主に英］ね。主に英語っていう意味だから，今は関係ないよ。」
> 生徒「えっ，じゃあ，フランス語とかでも，この単語，使うの？」
> 川村「うーん，ちょっと違うんだけどなあ。ま，今はいいから。その横に発音記号が書いてあって，それから語義があります。」
> 生徒「記号って［形］とかってやつですか。」
> 川村「あ，それは品詞。」
> 生徒「品詞って何だったっけー。」

【問題9】
川村さんの説明の問題点をできるだけたくさんあげてください。

【問題10】
川村さんが生徒たちに英和辞典の使いかたを説明する会話例を作ってください。そのとき，何のために英和辞典を引かせるのかを考えて，その目的に合った説明にしてください。

課題1

　お母さんを大学のセルフサービス形式の学生食堂に連れて行ったとして，料理の取りかた，お金の払いかたなどについて説明する会話例を作ってください。そして，その説明にどんな工夫をしたかについても述べてください。

課題2

　漢和辞典を使ったことがない中学生に漢和辞典の使いかたを教える会話例を作ってください。そのとき，何のために漢和辞典を引かせるのかを考えて，その目的に合った説明にしてください。
　そして，その説明にどんな工夫をしたかについても述べてください。

課題3

　大学の新入生歓迎キャンプでオリエンテーリングをすることになりました。オリエンテーリングは，数人一組のグループが地図と磁石を持って，決められたコースを歩き，早くゴールインしたグループが勝ちとなるゲームです。
　今回は，次のような質問でチェックポイントを通ったことを確認します。
　　・「チェックポイント6」にある小屋の看板の文字は何色？
　オリエンテーリングを知らない新入生に，グループ分けから解散までの手順を説明する例を作ってください。そして，その説明にどんな工夫をしたかについても述べてください。
　オリエンテーリングについてよく知らない場合は，本やインターネットで調べてください。細かいルールなどは自由に決めてかまいません。

課題4

　手順を説明するときに気をつけなければならない点をわかりやすくまとめてください。そのとき，よい例と悪い例をできるだけたくさん具体的に示してください。

トレーニング 12
やさしい日本語で話す

ウォーミングアップ

【ウォーミングアップ1】

　日本語を母語としない外国の人と話をして，うまく伝わった経験やうまく伝わらなかった経験をできるだけ具体的に述べてください。たとえば，次のような小さなことでかまいません。

> 　わかりやすいように，なるべくたくさん外来語を使うようにして話をしていたら，「外来語は，普通の日本語よりむずかしい」と言われてしまった。

【ウォーミングアップ2】

　子どもと話をしていて，うまく伝わった経験やうまく伝わらなかった経験をできるだけ具体的に述べてください。たとえば，次のような小さなことでかまいません。

> 　知り合いの家に電話したら，小さな子どもが出たので，「お母さん，いる？」と聞いたら，「いる！」とだけ答えて，電話をかわってくれなかった。

交換留学生からの柔道部についての質問に答える

　山下くんと田村さんは，京都学院大学の柔道部の部員です。9月のある日，早めに道場(どうじょう)に来て，ほかの部員が来るのを待っていると，留学生らしい人が来ました。次に示すのは，そのときの会話です。

> 留学生「あー，すみません。じゅどっぶのひとですか。」
> 山　下「あっ，まあ。」
> 留学生「じゅどっぶのひとではありませんか？」
> 山　下「いや，そうやけど，まだ先輩も来てないし。」
> 田　村「あたしら，柔道部やけど，なんか？」
> 留学生「あー，わたしはこかんりゅうがくせいです。いちねんだけいます。あー，じゅどっぶをはいる，できますか。」
> 山　下「どうかなあ。大丈夫やと思うけど，王(オウ)さんも入ってるし。」
> 田　村「もうすぐみんな来るから，そう言うたげたら。」
> 山　下「ええ？　おれが言うの？　むつかしいなあ。ええと。」
> 留学生「れんしゅ，いつ，しますか。」
> 山　下「ええと，月水金やから，マンデイとチューズデイ，ちゃうか，ウエンズデイか，あと，フライデーと，それから，土日は試合，マッチね，いつもじゃないけど。」

【問題1】
　山下くんと田村さんの話しかたには，どのような問題点がありますか。

【問題2】
　この留学生は，柔道部に1年間だけ入部したいと思い，質問に来たようです。この留学生にわかりやすい日本語を使った会話例を作ってください。会話例には，必要だと思われる話題をできるだけたくさん入れてください。

定食屋に来た外国のお客さんに説明する

野村さんは,「江戸屋」という定食屋でアルバイトをしています。ある日,その店に外国の人らしいお客さんが来ました。英語を母語としている人ではないようです。次に示すのは,野村さんとそのお客さんの会話です。

【入り口で】

野村「いらっしゃいませ。」

お客「テイカウト,できますか。」

野村「あ,テイクアウト？　うちはご遠慮いただいてるんですが。」

お客「できますか。」

野村「食中毒の問題とか容器のこととか,いろいろありますから。」

【テーブルで】

野村「ご注文はお決まりでしょうか。」

お客「これ。と,これ。」

野村「お子様セットは,大人のかたはご遠慮いただいているんで。」

お客「もいちど,いってください。」

野村「ですから,お子様セットは小学生以下の限定ですので。」

お客「だめ？　あー,これは,チキン？」

野村「ええと,これは,あの,トン,じゃなくて,ブーブーです。」

【問題3】

野村さんの話しかたには,どのような問題点がありますか。

【問題4】

野村さんとこのお客さんの会話例を作ってください。このお客さんにわかりやすい日本語を使った会話にしてください。会話の内容は,このような状況でありそうなものを自由に考えてください。

国際交流パーティーで初対面の外国の人と雑談をする

松下さんは，自分が住んでいる市の国際交流パーティーに，大学生代表の一人として出席しました。そして，近くにいた「劉」という名札をつけた人と，次のような話をしました。 CD-12 の音声は，そのときのものです。

> 松下「どちらからいらっしゃったんですか。」
> 劉　「あ，わたしー，んー，リュウです。」
> 松下「ああ，そうですか。いついらっしゃったんですか。」
> 劉　「いつ？　きょねん？　きょねん。」
> 松下「お仕事ですか。」
> 劉　「おしごと？　お，あ，おしごとじゃない。あー，べんきょう。」
> 松下「ああ，そうですか。おいくつですか。」
> 劉　「おいくつ？　あ，とし？　んー，にじゅうはち。んー，ちょっとおばさんです。」
> 松下「日本はどうですか。」
> 劉　「うーん。いいです。」
> 松下「日本食はどうですか。刺身とか納豆とか。」
> 劉　「わたし，んー，たべ，たべないです。」

【問題5】
劉さんは，松下さんの発言をどう思ったと思いますか。

【問題6】
松下さんは，どんなことに気をつけて話をすればよかったと思いますか。

【問題7】
松下さんと劉さんの会話例を作ってください。劉さんが楽しめる話題を選び，劉さんにわかりやすい日本語で話すようにしてください。

外国の人に中古パソコンショップへの行きかたを説明する

　大島くんが広田(ひろた)駅の前にあるパン屋の前で友だちと待ち合わせをしていると，外国から来た旅行者らしい人がパン屋から出ようとして，自動ドアがあかなくて，まごついていました。中から出るときは，「ここを押してください」と書いてある所を押さなければならないのがわからないようでした。
　大島くんが外からドアに近づき，あけてあげると，その人は英語でお礼を言って立ち去りましたが，すぐ戻ってきて，英語で話しかけてきました。「ユーズド・コンピュータ」とか「ショップ」という単語が聞き取れたので，中古パソコンを売っている店を聞きたいのだと思いました。

【問題8】
　大島くんは中古パソコンの店を教えてあげたいのですが，英語が苦手です。次のアからウのうち，どうするのがよいと思いますか。それはなぜですか。
　　ア　間違ったことを教えると悪いので，「英語が話せない」と英語で言う
　　イ　地図を書いて，指さしながら，ことばをぜんぜん使わずに説明する
　　ウ　地図を書いて，わからないようでも，日本語で話しながら説明する

【問題9】
　広田駅からパソコンショップ「パナテック」までの行きかたは，次のとおりです。この人にわかりやすい日本語で説明する会話例を作ってください。紙に地図を書くなどしたときは，それも示してください。

広田駅から1番線の電車に乗って，3つめの秋原橋(あきはらばし)駅で降りる。秋原橋駅のホームの前のほうの改札口を出て，そのまま電車の線路沿いの道を3分ほど歩くと，左手に「PANATECH 秋原橋」という青い大きな看板が見えてくる。その店のいちばん上の階が中古のフロア。

子どもたちに海水浴の注意事項を話す

今井さんが住んでいるマンションの子ども会が，夏休みに小学生を連れて海水浴に行きました。今年，世話役になっている今井さんは，海水浴場に着いてから子どもたちに，次のように，注意事項を話しました。

皆さん，お疲れ様でした。ここは白浜海岸という所です。向こうに見える島は，歌島（うたじま）です。あっちにかすかに見えるのは，松原半島です。きょうは思ったより人出が多いですから，迷子（まいご）にならないように注意してくださいね。

あそこに青い旗が立っていますが，これは遊泳可能の旗です。黄色は遊泳注意，赤は遊泳禁止です。きょうはたぶん大丈夫ですが，黄色とか赤になったときは注意しましょうね。

それから，海水は浮力があって浮きやすいので，泳ぎがうまくなった気になるかもしれませんが，波があって危ないですよ。けっして足が立たない所まで行かないように，ロープの中にいてください。

それから，きょうは日差しが強いですから，ずっと外にいると，日射病になったり，脱水症状を起こしたりしますから，あそこの海の家でときどき休んで，水分をとってください。

集合時間は3時ですから，遅れないように集まってください。

【問題10】

今井さんの話しかたには，どのような問題点がありますか。

【問題11】

今井さんが話す例を作ってください。小学生にもわかりやすい日本語を使った会話にしてください。会話の内容は，このような状況でありそうなものを自由に考えてください。

外国の人の気になる日本語を解釈して説明する

大竹さんは，留学生の楊(よう)くんやリサさんと話をしていて，ときどき嫌な感じがすることがあります。たとえば，次のようなときです。

---

(1) 大竹「このお茶，おいしいね。」
　　楊　「そうですよ。」
　　大竹［心の中で］（私が先に言ったんじゃない。偉そうに。）

(2) リサ「私といっしょに昼ごはんを食べたいですか。」
　　大竹［心の中で］（別に食べたくないよ。あんたは女王様？）

(3) 楊　「きょうはアルバイトがあるんですから，先に帰ります。」
　　大竹［心の中で］（アルバイトのことなんか聞いてないよ。勝手にしなよ。）

(4) リサ「この本はおもしろいですから，読みなさい。」
　　大竹［心の中で］（先生でもそんなに偉そうに言わないって。）

(5) 楊　「私は5回電話しましたが，大竹さんは電話に出ませんでした。だから，返事をしませんでした。」
　　大竹［心の中で］（わざと出なかったんじゃないのに，なんで責められるの。）

【問題12】

楊さんやリサさんは，日本語の使いかたがよくわかっていないだけで，悪気(わるぎ)はないようです。大竹さんは，(1)から(5)の表現をどのように善意に解釈したらよいと思いますか。

【問題13】

(1)から(5)の中から3つの例を選んで，楊さんやリサさんに，その表現の問題点や，どう言えばよいかを，わかりやすい日本語で説明してください。

課題1

　大学の留学生歓迎会で，知っておいたら便利な学内の情報を留学生の前で日本語で話すことになったとします。その説明の例を作ってください。たとえば，昼食をとるのによい場所や，自由に使えるパソコンの情報などです。留学生の母語はさまざまで，むずかしい日本語がわからない人もいます。

　そして，その説明を作るときにどんな工夫をしたかについても述べてください。

課題2

　日本に来ている外国の人から，「夏休みに日本のどこかを旅行したいのだけれど，どこに行くのがよいか」と相談されたとします。その人は，簡単な日本語の会話ができます。

　その人の希望を聞きながら，お勧めのコースや知っておくとよい情報を教えてあげる会話を作ってください。そして，その会話を作るときにどんな工夫をしたかについても述べてください。

課題3

　日本語を母語としない外国の人や，小さな子どもと話をするときに気をつけなければならない点をわかりやすくまとめてください。そのとき，よい例と悪い例をできるだけたくさん具体的に示してください。

課題4

　日本語が通じない外国に行き，外国語で話をしたことがあれば，外国語を聞いてわかりやすかった経験や，わかりにくかった経験を，具体的な状況をあげながら，詳しく説明してください。

　そして，その経験をもとに，日本語を母語としない人にどのように話せばわかりやすいかについても述べてください。

トレーニング 13
プレゼンテーションをする

ウォーミングアップ

【ウォーミングアップ1】

　商品の実演販売やテレビショッピングなどのプレゼンテーションで，つい買いたくなった経験や，買う気がしなくなった経験をできるだけ具体的に述べてください。たとえば，次のような小さなことでかまいません。

> 　博多のデパートでふとん圧縮袋の実演販売をしていた。販売員が自分と同じ博多弁(はかたべん)で説明していたので，安心して買えるような気になった。

【ウォーミングアップ2】

　人前で提案や説明などのプレゼンテーションをすることになった場合，どんな工夫をしたいかを考え，述べてください。たとえば，次のような小さなことでかまいません。

> 　わかりやすく上手(じょうず)に話す自信はないが，どれくらいの声で話せばその場にいる全員によく聞こえるのかを考えて，大きな声で元気よく話をしたい。

演劇サークル代表者会議で合同公演の提案をする

　浜中国際大学の横山さんは，演劇部の部長として，近くにある7つの大学の演劇サークルの代表者が集まる会議に出席しました。この会議で横山さんは，7大学合同公演の提案を，次のようにしました。この提案は，部員数の多い日本学院大学演劇部の部長と前から相談していたことです。

> 　はい，じゃあ，一つ，提案します。思うんですけど，一つの学校のサークルってそんなに大きくないし―，特に，うちの学校なんか，設備も貧弱だし―，道具もあんまりそろってないし―，人数も1年生を入れても10人ほどだし―，大きい大学なんかいいですよねー，お金もたくさんあるしー。で，思うんですけど，私たちもおおぜいのお客さんを集めて立派な所でやりたいし，一回，合同公演とかしませんか。資料は用意してないんですけど，今，考えてるのは，文化の日ぐらいで，場所は日学の講堂にしたいんですけど，出し物は，たくさん集めたいから，すごく有名なやつで，たとえば，ハムレットとか，まあ，もう候補はいくつか出てます。それをアレンジすればおもしろいかなあと。どうですか，こういう感じの案？

【問題1】
　横山さんの説明にはどんな問題点がありますか。代表者会議に出席しているほかの演劇サークルの部長の立場になって考えてください。

【問題2】
　横山さんの提案が受け入れられるように工夫したプレゼンテーション案を作ってください。プレゼンテーションソフト（パワーポイント）を使って，プロジェクタでスクリーンにスライドを映すことにする場合は，そのスライド案も作ってください。資料を配る場合は，その資料も作ってください。

地域の子ども会の世話役会議で組織変更の提案をする

　山川さんは大学で教育学を専攻しています。その知識を実践で生かそうと，地域の子ども会の世話役になりました。すると，子ども会の組織が学年ごとになっていて，違う学年の子どもどうしがいっしょに遊ぶ機会があまりないことに気づきました。山川さんは，保護者も混じった子ども会の世話役会議に出席し，組織の変更を提案する次のようなプレゼンテーションをしました。

　青森学園大学教育学部の山川です。半年ほど前からこの地域の子ども会の指導をしていますが，現在の組織では，はっきり言って問題があります。教育学的見地から考えて，学齢期の児童は人格形成に非常に重要な時期です。戦前の大家族や村社会ならば，われわれ大人が介入しなくても，年齢の異なる子どもどうしでの交流があったかと思われますが，現在の少子化，核家族社会では大人の積極的な介入なしには，同学年の児童のみのつながりしか期待できません。そういった問題を解決するためには，たとえば，年1回の運動会で縦割り組織のチームを構成する程度では不十分であり，恒常的な地域活動の中で，異なる児童の交流を盛んにする必要があります。そういった意味で現在の子ども会の組織を大幅に改革する必要があるかと思うのですが，いかがでしょうか。

【問題3】

　いつもは活発な意見が出る会議なのに，この説明には反応がありませんでした。山川さんのプレゼンテーションにはどんな問題点がありますか。

【問題4】

　ほかの出席者に賛成してもらえるような，もっとよいプレゼンテーション例を作ってください。必要に応じて，スライドや配付資料も作ってください。

新入社員研修で店の売り上げ状況の報告をする

　西野さんは，宅配ピザの会社に就職しました。その新入社員研修で，ある店の「売り上げ状況＋a（プラスアルファ）」を店長になったつもりで報告するというプレゼンテーションの練習がありました。西野さんには，大橋店の3月のデータが与えられました。データには，毎日の商品ごとの売り上げ高や，天気・気温，新聞に折り込み広告を入れた日など，さまざまなデータのほか，他店の売り上げ高や最近5年間の毎月の売り上げ高も含まれています。

　報告に含める「＋a」は，売り上げ状況を分析し，今後の戦略を提案するのがいちばんよいと言われました。

　西野さんは，スライドを見せながら次のように話しはじめました。

　売り上げは，えーと，かなりいいです。何が売れたかと言いますと，スライドを見てもらったらわかります。

　目標よりちょっと少ないので，一生懸命，努力して，目標に近づけたいと思います。がんばります。

　西野さんが使ったスライドは，次のようなものです。

【問題5】
　西野さんのプレゼンテーションの問題点をできるだけたくさんあげてください。

【問題6】
　西野さんがするプレゼンテーションの例を作ってください。スライドも作り直してください。

```
         売上状態
    売上目標、５５０万
    ピザ、３８２万
    おすすめピザ、３３万
    サイドメニュー、５５万
    ドリンク、２２万
    ランチ、４７万
    その他、３万
```

ファーストフード店の店長候補者研修会で新商品の提案をする

　石山さんは、ファーストフードのチェーン店「café express」の店長候補者研修会に参加しました。そこでは、候補者14人が1人3分ずつ、自分で考えた新商品の提案をすることになっています。その提案内容やプレゼンテーションによって、店長になれるかどうかが決まります。石山さんは、時間をかけて準備した次のような原稿を読み始めました。その音声が CD-13 です。

　私は café express 石橋店の池田店長から推薦をいただき、店長研修会に参加させていただきました石山麻衣でございます。このような提案の機会を得て、まことに光栄に存じます。不慣れではありますが、私が考えました新商品をご説明させていただきたく存じます。私はバイトのときからまだ3年しか勤めていませんが、私が思いますのは、女性が注文するフードメニューが少ないのではないでしょうか。サンドイッチはコンビニのと同じみたいで、買わないと思うのは私一人でしょうか。私は作りたてのサンドイッチとして、ベーグルサンドかパニーニかホットサンドがよいのではないかと思います。皆さまご存じだとは思いますが、僭越ながら私のほうから説明させていただきます。ベーグルというのは、ドーナツのようなパンで、ちょっとかたい、しっかりしたパンです。

【問題7】
　石山さんのプレゼンテーションの問題点をあげてください。

【問題8】
　この研修会で高い評価がもらえそうなプレゼンテーションの例を作ってください。提案内容は自由に変えてかまいません。プレゼンテーションソフト（パワーポイント）を使うほうがよければ、そのスライド案も作ってください。

電器店の店頭でスピードカッターの実演販売をする

　大橋さんは電器店の店頭で，スピードカッターという調理器具の実演販売をしています。スピードカッターというのは，野菜や肉などを早く切ったり混ぜたりする電気製品です。

　次に示すのは，大橋さんがお客さんにしている説明です。

> 　はい，それじゃあ，ハンバーグを作ってみます。付け合わせの野菜は，電子レンジを使えば簡単です。じゃがいもとかにんじんは，このボタン一つでOKです。
> ［じゃがいもとにんじんを電子レンジに入れて，ボタンを押す］
> 　ハンバーグの具材（ぐざい）は，スピードカッターで切って混ぜれば簡単です。ひき肉を使わなくてもいいですよ。
> ［スピードカッターにひき肉や荒く切ったたまねぎ，卵，牛乳にひたしたパン粉，調味料を入れ，スイッチを押す］
> 　早いですねえ。ちゃんと切れてるかな？　それじゃあ，これを形を整えて焼きます。ホットプレートを使いましょう。ちょっと待っててくださいね。
> ［ホットプレートに乗せて焼く］
> 　さっき焼いたのがこのハンバーグでーす。おいしいですよー。どうですか，そこのおじさん。いかがですかー。

【問題 9 】
　大橋さんの実演販売の説明の問題点をできるだけたくさんあげてください。

【問題10】
　店頭で料理をしてスピードカッターを紹介する実演販売の説明例を作ってください。ハンバーグではなく，ほかの料理を作るのでもかまいません。

学習机の展示即売会でお客さんの質問に答える

　家具メーカーに入社した大森くんは，家具の展示即売会で，お客さんに子ども用学習机の説明をしています。次のやりとりは，その最後の部分です。

大森「このように当社の学習用子ども机チャイルデンは，就学時のお子様に最適ですので，よろしくお願いいたします。なにか質問はあるでしょうか。」

お客「これ金属っぽく見えるけど，木でできてるんですか？」

大森「はい，杉間伐材(すぎかんばつざい)を使用しており，エコロジーオリエンテッドな家具です。また，ノンホルマリン系の接着剤使用ですので，人体にも害がありません。」

お客「子どもの背が伸びてきたら，使いにくくありませんか。」

大森「子どもの背が伸びた場合も，調整させていただくことは可能です。」

お客「パソコンとか使う場合は，どうしたらいいですか。」

大森「うちの会社では，パソコンラックは作ってません。」

お客「これ，ここに書いてある値段からどれくらい安くしてもらえるんですか。」

大森「それはー。ええーと，入社したばかりなので，ちょっとわかりません。」

【問題11】
　大森くんの答えかたの問題点をできるだけたくさんあげてください。

【問題12】
　お客さんの質問にたいして，大森くんがうまく答える会話例を作ってください。必要な情報は適当に補足してかまいません。

プレゼンテーションをする

[課題1]
　身近にある商品やサービスを売り込むプレゼンテーションの例を作ってください。そのとき，どんな状況でどんな人を相手に売り込みのプレゼンテーションをするのか，具体的な設定をしてください。そして，そのプレゼンテーションにどんな工夫をしたかについても述べてください。

[課題2]
　「学生ベンチャービジネスコンテスト」に応募することになったとして，これまでほとんどだれも手がけていない「ベンチャービジネス」を考え，その第1次予選で行う3分間のプレゼンテーション例を作ってください。そして，それを作るとき，どんな工夫をしたかについても述べてください。
　プレゼンテーションは，プロジェクタが使える会場で300人ぐらいの聴衆の前で行われます。第1次予選で半分ぐらいが残り，5分間のプレゼンテーションを行う第2次予選に進みます。そのように予選を進めていって，上位に残った5組に，使い道が自由で返済不要のベンチャー資金が与えられます。
　自分でビジネスを考えつかない場合は，インターネットなどで実際にあるベンチャービジネスを見つけ，それを参考にしてもかまいません。

[課題3]
　商品の実演販売やテレビショッピングなど，プレゼンテーションの例を集め，それぞれのよいと思われる点やよくないと思われる点を具体的に説明してください。よくないと思われる点については改善案も示してください。

[課題4]
　プレゼンテーションをするときに気をつけなければならない点をわかりやすくまとめてください。そのとき，よい例と悪い例をできるだけたくさん具体的に示してください。

トレーニング 14
研究を発表する

ウォーミングアップ

【ウォーミングアップ1】
　卒業論文発表会などに出たことがあれば，発表のしかたでよいと思ったことや，よくないと思ったことをできるだけ具体的に述べてください。たとえば，次のような小さなことでかまいません。

> 　発表や質問の時間が決まっているのに，それをオーバーして話したり質問したりする人が多く，発表会の終了時間がかなり遅くなり，バイトの時間に間に合わなくなってしまった。

【ウォーミングアップ2】
　卒業論文発表会などで自分の研究を発表するとしたら，発表にどんな工夫をしたいと思いますか。工夫したいことをできるだけたくさん考え，述べてください。たとえば，次のような小さなことでかまいません。

> 　パワーポイントを使い，文章の説明より図表をできるだけたくさん使って，ビジュアルな発表にしたい。文字や図形が動くアニメーションも使って，聞いている人が退屈しないように工夫したい。

「アルコール飲料の好みの変化」という研究発表を始める

　東日本大学の国際文化学科では，毎年1月に4年生全員が発表する卒業研究発表会を開いています。発表者は，15分間，発表し，5分間，質問を受けます。発表会の参加者は，先生や4年生，3年生です。西田くんは，発表用資料を見てもらいながら話す形にし，次のように発表を始めました。

> 司会者「次は，西田光一くんです。題目は，「戦後日本のアルコール飲料の好みの変化」です。では，よろしくお願いします。」
> 西　田「国際文化学科4年の西田です。「戦後日本のアルコール飲料の好みの変化」という題で発表します。1，はじめに。酒の起源にはさまざまな説があるが，記録としては5千年前のメソポタミアのビール作りが最も古いと言われている。」

【問題1】
　西田くんの発表の問題点をできるだけたくさんあげてください。

【問題2】
　このような発表では，最初に，次のアからウのうち，どの内容を話せばよいと思いますか。それはなぜですか。
　　ア　時間や能力が足りず，発表内容がよくないという言いわけやお詫び
　　イ　インターネットで見つけた，発表題目に関連する楽しいエピソード
　　ウ　話を進めていく順序や，大まかな発表内容，簡単にまとめた結論

【問題3】
　西田くんが発表の最初に話す例を作ってください。西田くんの研究は，アルコール飲料に関するさまざまな統計データを使い，戦後日本のアルコール飲料の好みの変化を，各国の傾向とも比較しながら分析するものです。研究方法は適当に変えてかまいません。結論も，想像で決めてかまいません。

「女性の社会進出と家事分担」という発表資料の訂正をする

原田さんは，卒業論文発表会で「女性の社会進出と家事分担」という発表を，次のように始めました。CD-14 の音声は，そのときのものです。

> えー，では，始めます。え，レジュメに訂正があります。1ページの下から8行目の「個人」の漢字が間違ってます。3ページの15行目と下から3行目にも同じ間違いがあります。4ページの表3の「食事の後片付け」の「よくする」の数字が「9」になっていますが，「29」の間違いです。パーセントは合っています。2ページの下から11行目の「必要」は「不必要」です。どうして「不」が落ちたのか，腑に落ちませんけど。えー，それから，3ページの10行，19行目と4ページの12行目と5ページの下から6行目の「行なって」に「な」が入っていますが，取ってください。あと，参考文献の所に，島田京子ほか，2000，「家族構成と家庭内の家事分担の関係」，『横浜国際大学生活科学部紀要』No.14が抜けていますので，つけ加えてください。えー，それでは，発表に入ります。

【問題4】
この訂正には，どんな問題点がありますか。

【問題5】
発表を聞いている人たちは，発表の最初にこの訂正を聞いて，どんな感じがすると思いますか。

【問題6】
聞き手に悪い印象をもたれないようにするには，この訂正はどのようにすればよいですか。それぞれの訂正について，タイミングや言いかたを考えてください。そして，訂正する前後の発言を含め，発言例を作ってください。

「日本人のスポーツに関する意識」という発表で調査結果を説明する

　森田さんの大学では，卒業論文の提出日の3か月ぐらい前に卒業論文中間発表会が開かれます。森田さんは，「日本人のスポーツに関する意識」という題で，プレゼンテーションソフト（パワーポイント）を使って発表するつもりです。会場は60人定員の教室で，スクリーンの大きさは，縦1メートル，横1.5メートルぐらいです。

　次のスライドは，「スポーツに関心があるか」という質問と，「週に何回スポーツをするか」という質問にたいする回答結果を説明するときのものです。

	スポーツに関心があるか？					週に何回スポーツをするか？				
	高	少高	少低	低	他	5〜	2〜	1	なし	他
20男	35	14	7	5	2	18	20	11	15	1
20女	20	33	11	7	1	11	15	17	28	2
30男	19	16	6	4	1	5	6	10	24	2
30女	7	13	11	5	0	3	5	8	19	1
40男	13	14	5	5	0	2	7	9	17	2
40女	12	15	15	10	2	7	10	6	29	2
50男	9	13	8	7	2	5	9	9	16	0
50女	9	21	15	13	2	3	12	7	23	1
60男	5	12	9	11	1	2	5	7	23	1
60女	3	8	8	10	3	1	4	4	21	2

【問題7】

　森田さんのスライドの問題点をあげてください。

【問題8】

　調査結果から得られた結論がわかるように，森田さんのスライドを作り直してください。スライドは2枚以上にわけたり，文字や図形に動きをつけてもかまいません。

【問題9】

　作り直したスライドを見せながら話すときの発表原稿を作ってください。

> 「『まんが日本昔ばなし』の語りの特徴」という発表を終わらせる

　中山さんは，卒業研究発表会で「『まんが日本昔ばなし』の語りの特徴」という発表を，資料を配付して行いました。発表の持ち時間の10分がすぎてベルが鳴ったとき，次の内容がまだ説明できていませんでした。

　４．オノマトペ（擬音語・擬態語）の使用
　　多種類の独特なオノマトペが使われているというデータを示し，類似のアニメよりオノマトペの使用頻度が高いというデータを示す。
　５．まとめ
　　方言の使用，リズム，オノマトペの使用という3特徴をまとめる。

【問題10】
　決まっている発表時間をすぎた場合，次のアからウのうち，どの対応がよいと思いますか。それはなぜですか。
　　ア　すぐに発表を中断し，最後まで説明できなかったことをお詫びする
　　イ　聞いている人に全体を知ってもらうため，早口で最後まで説明する
　　ウ　残った部分の大事なポイントだけを簡単に説明して，発表を終える

【問題11】
　発表時間終了のベルが鳴ったあとで，中山さんが話す例を作ってください。発表内容は，想像で適当に考えてください。

【問題12】
　決まっている発表時間内に発表が終わらない原因としてどんなことが考えられますか。できるだけたくさんの状況を考えてください。

【問題13】
　発表の持ち時間をほぼすべて使いながら，オーバーしないようにするためには，どのような準備をすればよいか，できるだけ具体的に考えてください。

「大学生のレジャー支出の地域差」という発表にたいして質問する

大山くんは，卒業論文中間発表会で，同級生の石田さんの「大学生のレジャー支出の地域差」という発表にたいして，次のような質問をしました。

> あの，ぼくは，携帯料金とか，外食とかはレジャーとは思わないです。だったら，うちの電話も，テレビを見るのもレジャーになってしまうから，音楽とか旅行とかはレジャーって言ってもいいかもしれないけど，本代は，教科書とかはレジャーじゃないですよね，やっぱりレジャーとか言われても。それから，調査する大学をどうやって選んだのか，よくわかんなかったんで，ちょっと説明してもらえませんか。ええと，それから，表5の3行目を足しても100％にならないんですけど，間違ってるんじゃないですか。あと，地域差って言ったって，都会と田舎(いなか)の差なのか，あんまりわからないっていうか，結局，北海道とか九州とかっていうよりかは，都会とか田舎とかっていうことだと思うんだけど，だから，そうしない理由を教えてください。

【問題14】
卒業論文中間発表会での質問は，何のためにするのでしょうか。また，発表をした人や発表を聞いた人にとっては，どんな質問が喜ばれるでしょうか。最終発表会ではなく中間発表会だということを意識して考えてください。

【問題15】
大山くんの質問の問題点をできるだけたくさんあげてください。

【問題16】
石田さんにたいする質問例を作ってください。石田さんの発表内容は，想像で適当に考え，それについての質問を作ってください。

「日本の流行歌における歌詞の変化」という発表で質問に答える

谷口さんは，卒業研究中間発表会で「日本の流行歌における歌詞の変化」という発表を行いました。次のやりとりは，発表後の質問のときのものです。

> 質問者「あの，その年の流行歌の選びかたは，どんな基準で選んだんですか。」
>
> 谷　口「それ，さっき言ったんですけど，その年のベストテンの中から，適当に……。」
>
> 質問者「適当じゃいけないんじゃないかと思うんですけど。ベストテンをぜんぶ，対象にするとか。」
>
> 谷　口「そんな，ぜんぶじゃ，多すぎて，調べられません。」
>
> 質問者「演歌は，独特の歌詞があるんで，別にしたほうがいいような気がするんですけど，どうでしょうか。」
>
> 谷　口「ベストテンに出てたら入れるし，出てなかったら入れない，それだけです。あんまり細かくわけても……。」
>
> 質問者「あの，最近，歌詞に外来語が増えているっていうのは，調べなくてもわかることだと思うんですけど。」
>
> 谷　口「そんなあ。当たり前ってだれが決めたんですか。当たり前って思っても調べてみるのが研究じゃないですか。」

【問題17】
質問にたいする谷口さんの答えの問題点をあげてください。

【問題18】
質問にたいする谷口さんの答えかたの例を作ってください。谷口さんが答える内容は，想像で適当に考えてください。ただし，研究内容は大きく変えないでください。できれば，質問を増やして，その答えも作ってください。

課題 1

　授業やゼミで，自分が調べたことや研究したことを発表することになったと考えて，その発表原稿を作ってください。内容は自由です。

　発表原稿は，話すとおりに作ってください。また，聞く人に配る発表用資料や，聞く人に見せるプレゼンテーションソフトのスライドも作ってください。長い発表の場合は，一部だけでかまいません。

　そして，発表原稿や発表用資料などを作るときにどんな工夫をしたかについても述べてください。

課題 2

　インターネットで簡単な論文や調査資料を見つけ，その発表原稿を作ってください。発表原稿は，話すとおりに作ってください。長い発表の場合は，一部だけでかまいません。発表用資料も作ってください。

　そして，原稿を作るときにどんな工夫をしたかについても述べてください。

課題 3

　授業を聞いたり，テレビやラジオの教育番組や教養番組を見たり聞いたりして，わかりやすいものとわかりにくいものを集め，どういう点がよいか，どういう点がよくないかを述べてください。わかりにくいものについては，改善案を示してください。

課題 4

　研究を発表するときに気をつけなければならない点をわかりやすくまとめてください。そのとき，よい例と悪い例を具体的に示してください。

　本やインターネットのホームページをいくつか見て，それを参考にしてもかまいません。ただし，参考にしたときは，どの本やどのホームページのどの部分をどのように参考にしたのかを明示してください。

トレーニング 15
面接を受ける

ウォーミングアップ

【ウォーミングアップ1】

　入学試験やアルバイトなどの面接で，うまくいった経験や，うまくいかなかった経験をできるだけ具体的に述べてください。たとえば，次のような小さなことでかまいません。

> 　大学の推薦(すいせん)入試の面接で，予想していなかった質問をいくつかされた。何も言わないで考えていたら，次の質問に移ってしまった。関係ありそうなことを話していたら，合格していたかもしれない。

【ウォーミングアップ2】

　アルバイトや就職，入試などで面接を受けることになった場合，どんな工夫をしたいかを考え，述べてください。たとえば，次のような小さなことでかまいません。

> 　就職の面接では，非常にいじわるな質問をわざとして，その反応を見ることがあるそうだ。そんなときでも冷静に対応できるように，模擬面接などで練習しておきたい。

中学生に英語を教える塾講師の採用試験の面接を受ける

「研進セミナー富士見校」で中学生に英語を教える大学生のアルバイト講師の募集がありました。その採用試験で，遠藤くん，丸山さん，高木さんの3人の応募者が塾長の面接を受けました。 CD-15 の音声は，そのときのものです。

> 塾長「じゃあ，最初の授業で，生徒たちを前にしているつもりで自己紹介してください。遠藤さんからお願いします。」
> 遠藤「遠藤です。皆さんに，英語を教えます。よろしく。どうも。」
> 塾長「それだけですか。」
> 遠藤「ええ。」
> 塾長「じゃあ，丸山さん。」
> 丸山「はい。丸山麻奈です。植物の麻に，奈良の奈と書いて，マナと読みます。伊勢大コミ学の2年で，サークルは漫研に入ってます。津出身で，英語は好きです。楽しくやろうね。」
> 塾長「はい。じゃあ，高木さん。」
> 高木「桑名女子大学英米文学科の高木智子と申します。留学経験もありますし，英語学を専門に勉強しているので，それを生かした授業をしていくつもりです。よろしくお願いします。」

【問題1】
塾長はこの3人のうちのどの人を採用すると思いますか。また，その理由は何ですか。音声も参考にして考えてください。

【問題2】
遠藤くん，丸山さん，高木さんのそれぞれの自己紹介を，もっとよいものにしてください。必要な情報は適当に補ってかまいません。

商社の採用試験の面接で自己紹介をする

　山田くんは競争率が30倍以上といわれる大手商社の書類選考に通り、グループ面接を受けることになりました。そのグループ面接の最初にそれぞれ1分ずつで自己紹介をするように言われ、山田くんは次のように話しました。

> 　えーと、さいたま工科大学で、機械工学だったんですけども、専門よりは商社がいいと思って、とりあえず、書類選考に応募したんですけど、通ってしまって。えーと、ほかの人たちは経済とかで、自分は理科系だから、あんまり自信はないんですけど、語学とかもそんなにできないし。でも、意外と人の話を聞いたりするのは嫌いなほうじゃないので、商社の営業とかも向いてるんじゃないかと思いまして。えーと、それから、ほかの人がみんな経済とかだったら、一人ぐらい理科系がいても、会社としてもおもしろいような気がするので、応募してみました。あと、うちのお父さんが若いころ、仕事で外国とかも行ってて、外国、行くのはおもしろいと聞いてたので、商社だったら、そういうのもありかなと思ったりしてます。えーと、語学、そんなに自信ないんですけど、剣道やってたので、とりあえず、体力とかにはけっこう自信もあって。なので、あ、あのー、よろしくお願いします。

【問題3】
　山田くんの自己紹介には、どんな問題点がありますか。できるだけたくさんあげてください。

【問題4】
　山田くんの自己紹介例を作ってください。必要があれば、適当な情報をつけ加えてもかまいません。

タウン情報誌「チーク」の記者採用試験の面接を受ける

　小西さんは，タウン情報誌「チーク」が記者を募集しているのを知り，応募しました。募集人数は2人だけですが，書類選考に通って面接会場に行くと，20人ほどが待っていました。次に示すのは，その面接でのやりとりです。

> 面接官「まず，うちで記者を希望する理由を教えてください。」
> 小　西「えっと，仕事がおもしろそうだからです。それに，給料もかなり高そうかなと思って。」
> 面接官「うーん，たとえばどういうところがおもしろそうですか。」
> 小　西「だから，たとえば，有名人に会ったりとか，いろんな取材に行ったりとか。」
> 面接官「うーん。じゃ，記者だったら，うちでなくてもいいわけですね。自動車関係の業界新聞とか。」
> 小　西「え，いえ，そんなことはないんですけどー。」
> 面接官「じゃ，なぜ，うちを希望されるんですか。」
> 小　西「タウン誌っておもしろそうだし，スマートな感じがして。」
> 面接官「実際は地味な仕事が多いんですけどね。それに，給料は低いですよ，うちは。」
> 小　西「あ，そうなんですか。でも，まあ，記者ならいいです。なんか，かっこいいし。」

【問題5】
　小西さんの答えかたの問題点をできるだけたくさんあげてください。

【問題6】
　小西さんがうまく志望理由を答えたときの面接官とのやりとりの例を作ってください。作りやすいように，就職先や職種を変えてもかまいません。

旅行会社の面接試験で質問をする

山中さん，大野さん，赤井くんの3人が旅行会社の面接試験を受けています。次のやりとりは，面接の最後の部分です。

面接官「はい，こちらからお聞きしたいことは，以上でだいたい終わりです。なにか質問はありませんか。」

山　中「御社では，男女差別が存在するでしょうか。」

面接官「大丈夫です。社員を性で差別するようなことは行っておりません。」

大　野「さっき英語の話が出ましたけど，私，履歴書にも書きましたけど，フランスに行ってたんですが。」

面接官「ああ，そうですね。3か月ですか。フランス語検定かなにかは受けてらっしゃらないようですね。」

大　野「あの，日常会話ぐらいならできます。」

面接官「あ，そうですか。わかりました。」

赤　井「あの，やりたくない仕事になった場合，どうすればいいんでしょうか。」

面接官「それは配属先ということでしょうか。配属先については，新入社員の希望や適性を考えて決めますので，まずは，それに従ってもらうしかありませんね。」

【問題7】

3人の質問の問題点をできるだけたくさんあげてください。

【問題8】

適当な質問をいくつか考えて，面接官とのやりとりの例を作ってください。就職先や職種は，自由に設定してかまいません。

大学院の入学試験で面接を受ける

　大下さんは大学の4年間は食物栄養学科にいましたが、卒業後は他大学の大学院に行って、文化人類学を専攻したいと思い、入学試験を受けました。この大学院は競争率が高く、面接試験でも何人か落ちることがあるようです。面接では、専門的に研究したいことを説明しなければなりません。次に示すのは、大下さんの面接でのやりとりです。

> 面接官「大下さんは、学部では食物栄養学を専攻してたんですね。どうして文化人類学に来ようと思ったんですか。」
> 大　下「私はこう見えても、旅行フリークで、サークルもそういう関係のところに所属しているんですが、かなりいろんな所に行ったことがあるんですが、東南アジアにはまっていて、現地の語学ももっとできたらいいし、向こうの人とももっと理解しあいたいと思うようになり、大学院を受験することにしたんですが。」
> 面接官「で、それと文化人類学とはどう関係するんですか。」
> 大　下「ですから、やっぱり現地のことを知るには、文化人類学も大事だと思いますし、まずは語学と文化の勉強が大事だと思います。これからもしょっちゅう現地に行って、いっぱい勉強したいなあと思います。」

【問題9】
　大下さんの答えかたの問題点をできるだけたくさんあげてください。

【問題10】
　大下さんが面接官の質問にうまく答えたときのやりとりの例を作ってください。大学での専攻や大学院での専攻は、自由に設定してかまいません。

社内ＦＡ制度に応募し希望部門の課長の面接を受ける

岩井くんは情報通信機器メーカーに入社してから，スマホやタブレットなどの商品を販売店に卸す営業の仕事をしてきました。入社して3年たった今年，次のようなことを考えて，社内ＦＡ（フリーエージェント）制度に応募し，スマホやタブレットの商品企画部門に移る希望を出しました。この制度は，社員が移りたい部門の希望を出し，その部門の責任者との面接で自分の能力を売り込み，認められれば，その部門に移れるというものです。

- 直接の上司である係長と気が合わない。
- 3年間，同じ仕事をしてきたので，そろそろ別の仕事をしたい。
- 営業だと，遅くまで仕事をしても，残業代がつかない。
- これまでの営業経験で，販売店を通してユーザーの声を聞いているので，それを商品に生かしたい。
- 今の営業所は遠い。本社の企画部門に移ると，通勤が楽になる。
- さまざまなスマホやタブレットなど，広く浅く担当するよりは，1つの商品と深く関わりたい。
- 人とコミュニケーションをする仕事より，じっくりと考える仕事のほうが自分に向いている気がする。
- スマホを使いやすくするためのアイデアを持っている。

【問題11】
岩井くんが商品企画部門の課長の面接を受けるとき，どのようなことに気をつければよいでしょうか。課長とは会ったこともありません。

【問題12】
岩井くんが課長の面接を受ける会話例を作ってください。上にあげた項目をすべて使う必要はありませんし，必要な情報をつけ加えてもかまいません。

[課題1]
　就職の面接に行くと，1分間で自分をアピールする自己紹介をするように言われたとします。名前を名乗るところから始めて，結びのあいさつまで，1分間の自己紹介例を作ってください。そのとき，どんな就職先で，どんな人を相手に自己紹介をするのか，具体的な状況設定をしてください。そして，その自己紹介にどんな工夫をしたかについても述べてください。

[課題2]
　就職の面接で志望の動機を聞かれたとき，それにうまく答える例を，面接官とのやりとりの形式で作ってください。そのとき，どんな就職先で，どんな人を相手に志望の動機を話すのか，具体的な状況設定をしてください。そして，そのやりとりにどんな工夫をしたかについても述べてください。

[課題3]
　外食産業に就職を希望していて，面接試験を受けたとします。マーケット戦略の仕事を希望しているのに，その面接で「ホールスタッフとして働いてもらうことになりますが，それでもかまいませんか」と聞かれました。それに答えるやりとりの例を作ってください。そして，そのやりとりにどんな工夫をしたかについても述べてください。

[課題4]
　面接を受けるときに気をつけなければならないことをまとめてください。
　本やインターネットのホームページをいくつか見て，それを参考にしてもかまいません。ただし，参考にしたときは，どの本やホームページのどの部分をどのように参考にしたのかを明示してください。

著者紹介

野田尚史（のだ・ひさし）
- 生 ま れ：1956年、金沢市
- 学　　歴：大阪外国語大学イスパニア語学科卒業、大阪外国語大学修士課程日本語学専攻修了、大阪大学博士課程日本学専攻中退、博士（言語学）
- 職　　歴：大阪外国語大学助手、筑波大学講師、大阪府立大学助教授・教授、国立国語研究所教授、日本大学教授
- 専　　門：日本語学
- 著　　書：『日本語を分析するレッスン』（共著、大修館書店、2017）、『なぜ伝わらない、その日本語』（岩波書店、2005）など
- 執筆分担：企画・構成、第1次原稿（トレーニング 2, 4, 6, 8, 10, 12, 14）、第2次原稿（トレーニング 1〜15）

森口　稔（もりぐち・みのる）
- 生 ま れ：1958年、大阪市
- 学　　歴：北海道大学文学部哲学科卒業、米国・南部工科大学修士課程テクニカルコミュニケーション専攻修了、大阪府立大学博士課程比較文化専攻単位取得退学
- 職　　歴：シャープ株式会社主任、広島国際大学教授、フリーランステクニカルライター
- 専　　門：テクニカルコミュニケーション
- 著　　書：『英語で案内する日本の伝統大衆文化辞典』（編著、三省堂、2018）、『基礎からわかる話す技術』（共著、くろしお出版、2017）など
- 執筆分担：第1次原稿（トレーニング 1, 3, 5, 7, 9, 11, 13, 15）、最終チェック（トレーニング 1〜15）

音声データの録音：相原まり子、青木玲子、井戸裕人、氏原芙由子、内田智子、王英輝、岡山高博、小川忠明、梶浦恭平、加藤淳志、川口泰範、神原祐仁、黄齢慧、鴻野知暁、近藤千夏、佐野彩、塩原淳平、杉原貴信、須田真紀、高橋佑典、田中香織、谷元祐輔、寺島啓子、中尾比早子、中川誠、中田達也、中村直子、西村幸祐、治山純子、村井宏栄、鷲見賢一

日本語を話すトレーニング
Practice in Speaking Japanese

発行日	2004年 3月31日 第1刷 2024年 3月14日 第7刷
定価	1100円＋税
著者	©野田尚史・森口 稔　Hisashi Noda, Minoru Moriguchi
発行者	松本 功
デザイン・組版	吉岡 透（ae）／cue graphic studio
印刷所・製本所	三美印刷株式会社
発行所	株式会社ひつじ書房 〒112-0011 東京都文京区千石 2-1-2 大和ビル 2F Tel. 03-5319-4916　Fax. 03-5319-4917 郵便振替 00120-8-142852

◆ご意見、ご感想など、弊社までお寄せください。
toiawase@hituzi.co.jp
https://www.hituzi.co.jp/

ISBN978-4-89476-210-7 C1081